Geomantie
Die Kraft der Erde

LUDWIG

Inhalt

Mit der Landschaft verschmolzen stehen diese Häuser, die aus Holz und Gestein der Gegend erbaut sind.

Verwunschene Plätze im Wald haben eine starke Anziehungskraft und sind Orte der Ruhe.

Ein Naturmandala kann groß sein und aus Steinen bestehen. Doch selbst ein kleines, aus natürlichen Materialien gelegtes hat meditative Wirkung.

Vorwort

Alle Dinge im Makrokosmos haben eine Entsprechung im Mikrokosmos. So sagt schon das hermetische Gesetz der Magie.

Wenn Sie sich mit Geomantie beschäftigen, erfahren Sie, dass alles in einem großen Gewebe der Kräfte verbunden ist. Sie werden zu einem tieferen Verständnis kommen, warum Sie sich z. B. an manchen Orten wohl fühlen, an anderen jedoch Unbehagen empfinden. Sie werden erkennen lernen, wo die Erde durch vergangene Ereignisse verwundet wurde und wie sich diese Verletzungen auch auf Ihr Befinden auswirken können. Vor allem aber werden Sie Techniken und Methoden kennen lernen, wie Sie die Wunden der Erde und damit auch Ihre eigenen Leiden heilen können. Denn was im Großen geschieht, passiert auch im Kleinen.

Geomantie – was genau kann man sich darunter vorstellen?

Gaia oder Ge nannten die Griechen die Erde und sahen in ihr die Mutter allen Lebens. Von ihrem Namen leiten sich viele Begriffe ab:

- Geometrie, die mathematische Darstellung der Formen,
- Geografie, die Beschreibung der Erde,
- Geologie, die Wissenschaft vom Aufbau der Erde
- und natürlich auch die Geomantie.

Mantik ist die Kunst der Weissagung, die landläufig mit Zukunftsdeutung in Verbindung gebracht wird. Doch eine Weissagung deutet eigentlich nur die Zeichen der Gegenwart und leitet daraus, meist intuitiv, die mögliche weitere Entwicklung der Situation ab. Geomantie bedeutet also, aus den Zeichen der Erde abzulesen, wie sich unsere Zukunft gestalten wird; sie ist auch der Weg der Erkenntnis und der Verbindung mit der Erde.

Der Umwelt bewusst begegnen

So kann sich heute niemand mehr dem Geschehen in der Umwelt entziehen: Sie haben vom Ozonloch gehört, Sie wissen, dass die Regenwälder vernichtet werden, Sie lesen von Smog und saurem Regen, Sie haben wahrscheinlich am Strand schon selbst klebrige schwarze Teerbrocken von den bloßen Füßen entfernt. Wir leben mitten in der Natur und sehen tagtäglich, wo sie verschmutzt, vernichtet, vergiftet wird. Wir leben mitten in der Natur und sehen auch, wie schön sie ist: wenn sich die Sonne über den Bergen in den Morgennebeln erhebt, wenn die Blütenknospen der Apfelbäume aufspringen, wenn sich die schwarzen Wolken nach einem Gewitter verziehen und ein strahlender Regenbogen die Erinnerung an vergangene Märchen weckt.

Den Dialog mit der Natur pflegen

Heilung muss ganzheitlich erfolgen, beim Menschen wie bei der Erde. Es nützt nichts, nur die Symptome zu unterdrücken. Sie finden in der Geomantie Hinweise zu Ritualen, die symbolisch die Verbindung zwischen Mensch und Natur wiederherstellen. Viele haben ihren Ursprung in alten Bräuchen oder in den Riten der Naturvölker, die die Kräfte der Erde noch besser fühlen als wir. Sie finden auch Ratschläge, wie Sie mit den Wesen der Natur in Kontakt treten können. Und natürlich werden Sie auch Anleitung finden, wie Sie die verborgenen Strömungen im Boden aufspüren können, wo sich Orte der Kraft befinden oder wo sich Störzonen gebildet haben.
Verbunden mit der Geomantie ist die Tiefenökologie. Sie bedeutet, kurz gefasst, tief gehende Fragen zur Entwicklung unserer Erde zu stellen. Fragen zu allen denkbaren Themen, aber immer mit dem Hintergrund, was für unseren Planeten als Ganzes nutzbringend ist. Wer sich der Natur mit Respekt und Achtung nähert, wer sie als gleichberechtigtes Lebewesen anerkennt und liebt, dem erwächst aus diesem Verständnis eine neue Ethik, aus der sich Handlungsvorschläge entwickeln. Unserer Umwelt, und damit auch der Menschheit, ist nicht nur mit einmaligen Aktionen geholfen, sondern vielmehr mit einer positiven Einstellung zu unserem Planeten. Dann wird umweltfreundliches Verhalten selbstverständlich, dann lesen wir die Zeichen der Erde.
Dieses Buch will Ihnen aufzeigen, welche Wege die Geomantie jedem Einzelnen bietet, in seinem Umfeld, mit seinen Möglichkeiten und gemäß seiner Fähigkeiten bei der Heilung unseres Lebensraumes mitzuwirken. Aber immer wieder möchte ich Sie anregen, selbst Fragen zu stellen und die Antworten darauf zu suchen.
Ein Wunder geschieht, wenn der Mensch die Erde heilt – denn mit ihr heilt er sich selbst.

Tiefenökologie (Deep Ecology) ist ein Begriff, den der norwegische Philosoph und Umweltschützer Arne Naess geprägt hat. Tiefenökologie ist die geistige Basis der Geomantie.

Wer kennt ihn nicht, den frischen Duft einer Blumenwiese nach einem kühlenden Sommerregen?

Auch wenn wir sie manchmal kaum wahrnehmen, die Natur umgibt uns überall. Wir müssen wieder lernen, mit der Erde zu kommunizieren.

Zeichen *der* Erde wahrnehmen

Wenn man sich mit allen Sinnen einem Thema nähert, wächst das Verständnis, findet man immer neue, immer andere verblüffende Einzelheiten, Verbindungen untereinander und Entsprechungen zu anderen Bereichen. Leider leben wir – größtenteils – nicht mehr besonders naturverbunden in Städten statt auf dem Land und arbeiten in Bürokomplexen statt auf dem Feld. Dennoch, Natur ist überall, man muss sie nur wahrnehmen. Sie existiert zwischen Hochhäusern, entlang den Autobahnen und Gleisen genauso wie am Meeresstrand und mitten im Wald. Denn schließlich haben wir unsere Welt aus irdischen Materialien geschaffen. Warum finden wir schließlich den Aufenthalt in der unberührten Landschaft erholsamer als die Stunden in geheizten Bürogebäuden oder in den Häuserschluchten einer Großstadt? Als Einstimmung auf das Thema sollten Sie die beiden folgenden Wahrnehmungsübungen durchführen.

Die Erde fühlen

Wann haben Sie zum letzten Mal wirklich die Erde gefühlt? Wirklich mit bloßen Füßen bewusst auf ihrer Oberfläche gestanden? Wann haben Sie zuletzt Sand durch Ihre Hände rieseln lassen, feuchten Lehm zwischen den Fingern hindurchquellen lassen, schwarze Ackererde zerbröselt, feuchten Humus in den Händen gehalten?

Wann haben Sie auf dem nackten Boden gelegen, Gestein unter Ihrem Rücken gefühlt, den Duft von weichem Gras gerochen, kleine Krabbeltiere über sich laufen lassen?

Wann haben Sie das letzte Mal einen Baum umarmt?

Wenn Sie nicht auf dem Land leben oder zumindest hin und wieder einen Urlaub in abgelegenen Gebieten machen, wird das wohl schon einige Zeit her sein. In Städten und Städtchen ist der Boden weitgehend unter Beton und Asphalt verschwunden, Barfußgehen im Freien ist so gut wie unmöglich.

Die Natur ist gezähmt in Parks und Grünflächen. Wenn Sie Glück haben, sind diese Anlagen einigermaßen ordentlich und gepflegt, wenn nicht, gehören Bierdosen, Plastiktüten und anderer Müll zur Standardausstattung.

Aber es ist nicht unmöglich, buchstäblich Schritt für Schritt zu lernen, in Harmonie und Einklang mit den Kräften von Gaia zu leben.

Gerade Stadtbewohner haben es oft schwer, den Kontakt zu unverfälschter Natur zu finden, Parks und Grünanlagen können sie nur unvollständig ersetzen.

Reflexzonen- oder Fußzonenmassage ist eine ganzheitliche Heilmethode, die auf dem Grundsatz beruht, dass den Körperorganen bestimmte Zonen an den Füßen entsprechen. Barfuß über unebenen Boden zu gehen aktiviert den Energiefluss im ganzen Körper.

Heilung durch die Füße

Wir stehen aufrecht, wenn wir gehen, berühren unsere Füße den Boden. Sie haben den häufigsten und intensivsten Kontakt mit der Erde. Unsere Fußsohlen sind ungemein empfindlich, auch wenn wir das meist nur merken, wenn uns jemand unter den Füßen kitzelt. Ansonsten vermeiden wir den direkten Kontakt mit der Erde durch Schuhwerk. Manchmal reduzieren wir ihn sogar noch auf die Zehenspitzen, dadurch dass wir – zugegebenermaßen elegante – hochhackige Pumps tragen.

Hier nun eine Übung, die nicht nur das Gefühl für den Untergrund, auf dem wir stehen, fördert, sondern auch eine Wohltat und Entspannung für gequälte Füße ist.

Suchen Sie sich einen ruhigen Raum, wenn es irgendwie möglich ist, gehen Sie ins Freie. Wundervoll wäre eine Wiese, Waldboden oder auch ein Sandstrand. Ziehen Sie Schuhe und Strümpfe aus, und kümmern Sie sich nicht darum, ob Ihre Füße nass oder schmutzig werden.

Gehen Sie in einem weiten Kreis, setzen Sie dabei ganz bewusst erst die Ferse auf, rollen Sie dann über den Fuß bis zu den Zehenspitzen ab. Fühlen Sie, wie sich der Untergrund Ihren Fußsohlen vermittelt. Machen Sie sich das Harte und das Weiche, das Unebene und das Glatte, das Raue und das Feuchte bewusst. Gehen Sie etwa fünf Minuten auf diese Weise über die Erde.

Halten Sie an, und stellen Sie sich mit den Füßen etwa schulterbreit auseinander aufrecht hin. Dabei sind die Knie leicht gebeugt, das Becken ein wenig nach vorne geschoben. In dieser Stellung müssten Sie einen stabilen Stand haben.

Greifen Sie jetzt mit den Zehen, als ob sie etwas fassen wollten. Zupfen Sie ein paar Grashalme aus, oder heben sie ein Rindenstück oder Steinchen auf.

Gehen Sie wieder einige Runden, und variieren Sie dabei die Stellung der Füße. Mal trippeln Sie auf Zehenspitzen, mal rollen Sie über die Fußaußenkanten ab, mal über die Fußinnenkanten – oder humpeln Sie auf den Fersen voran. Fühlen Sie dabei immer den Boden.

Bleiben Sie wieder stehen, und heben Sie einen Fuß vom Boden. Drehen Sie ihn im Fußgelenk rechts herum, dann links herum. Wechseln Sie zum anderen Fuß. Gehen Sie zuletzt noch ein paar Runden bewusst und aufrecht. Setzen Sie sich anschließend noch eine Weile an einen stillen Ort, und denken Sie daran, was Sie unter Ihren Füßen gefühlt haben. Es war die Erde.

Die Oberfläche der Erde sehen

Wann haben Sie zum letzten Mal die Erde wirklich gesehen? Nicht auf Hochglanzfotos als blaue Kugel im Weltraum, nicht als Globus auf dem Tisch oder als Dokumentarfilm im Fernsehen, sondern als Landschaft, in der sie selbst stehen und den Blick schweifen lassen. Egal wo Sie gerade sind, stehen Sie auf und sehen Sie hin. Stellen Sie sich vor, Sie seien fremd auf diesem Planeten, und betrachten Sie die Umgebung. Machen Sie ein Spiel daraus, indem Sie die Landschaft personifizieren.

Was das Antlitz der Erde verrät

Denn wie einem Menschen können Sie der Landschaft ins Gesicht sehen und darin schon eine ganze Menge erkennen. Beispielsweise ihre Geschichte. Da gibt es altes Kulturland mit seit Jahrhunderten bearbeiteten Feldern, ausgetretenen Pfaden und alten Gebäuden, sorgfältig gepflegt wie das Gesicht einer würdigen alten Dame. Die südenglische Parklandschaft und die Toscana sind Beispiele dafür. Vielleicht finden Sie wild gebliebenes, unberührtes Land mit unbegradigten Flüssen und natürlich gewachsenen Wäldern, gleich einem sommersprossigen Wildfang mit lebenssprühenden Augen. Oder es liegt vor Ihnen die Erde, der Bodenschätze entrissen wurden, in der die Wunden, die die Baumaschinen gerissen haben, noch nicht vernarbt sind. Sie ähnelt einer geschwächten, verletzten Person, die der Heilung bedarf. Eine andere Betrachtungsweise der Landschaft um Sie herum können Sie unter dem sozialen Gesichtspunkt vornehmen. Liegen dort einzeln verstreute Orte in die Landschaft eingebettet, verbunden durch gewundene Straßen und Wege, die einer Gruppe gemütlich plaudernder Freunde gleichen? Gibt es alte Schutzwälle, die die Ansiedlungen eingrenzen, Zäune, Mauern und Schranken, die von erbitterten Nachbarschaftsfehden zeugen?

Schauen Sie einer Landschaft ins Gesicht! Dann erkennen Sie, wie es ihr geht, was ihr fehlt und was sie braucht.

Auch in unseren Breiten hat sich die Idee einer universellen Lebensenergie erhalten. Franz Anton Messmer nannte sie »animalischen Magnetismus«, Reichenbach nannte sie »Od« und Wilhelm Reich »Orgon«.

So wie Sie den Gesundheitszustand vom Gesicht eines Menschen ablesen können, gelingt Ihnen das auch, wenn Sie der Umgebung »ins Gesicht« sehen. Wirkt sie grau, müde und faltig, nagt Verfall an den Gebäuden und Straßen, ringen kümmerliche Pflanzen um das Überleben? Oder überdecken prallbunte Blumen, künstlich ernährtes Rasengrün und sorgfältig gepäppelte exotische Pflanzen die natürlichen Formen? Oder duften Wildkräuter auf den Wiesen, zeigt der Wald eine Vielfalt von Bäumen und Sträuchern, und gibt er darin den unterschiedlichsten Tieren und Pflanzen Lebensraum?

Hinter die äußere Erscheinung sehen

Nicht nur Gesichtszüge, Kleidung und Befindlichkeit machen einen Menschen aus, auch seine Gefühle, seine geistige und körperliche Energie, seine Ideen, Wünsche, Hoffnungen und innere Haltung sind Teil des gesamten Wesens. Um dieses zu erfassen, muss man mit einem Menschen in näheren Kontakt treten. Bezogen auf das Wahrnehmen der Umgebung müssen Sie dazu »mit anderen Augen« sehen.

Beginnen Sie damit, indem Sie sich darüber klar zu werden versuchen: Welche Gefühle löst die Landschaft, die Sie vor sich sehen, in Ihnen aus? Ist sie Ihnen sympathisch, weil sie sanft, harmonisch, erhaben oder gar märchenhaft-mystisch wirkt? Oder missfällt Ihnen, was Sie sehen, weil es trostlos, traurig, kalt, abweisend oder lebensarm wirkt? Warum löst die durch die Kräfte der Natur oder die Einwirkung der Zivilisation gestaltete Materie diese Gefühle aus?

Kraftströme erkennen

Sowohl die Geomantie als auch die östliche Lehre des Feng Shui gehen davon aus, dass die Landschaft von Strömen feinster Energie, dem Chi, durchwebt ist.

Wo dieser Lebensatem frei fließen kann, herrscht Harmonie, dort, wo er stagniert, verringert sich die Lebenskraft und führt zu Verfall und Tod. Sensitive Menschen können diese Energie wahrnehmen oder mit Hilfe von Pendel und Wünschelrute aufspüren. Wenn Ihnen diese Fähigkeit noch fehlt, können Sie dennoch das Prinzip verfolgen. Stellen Sie sich den Energiefluss wie einen farbigen Lufthauch vor, wenn Sie die Umgebung betrachten. Wo ist der Weg offen, wo sind Hindernisse? Wo bilden sich Wirbel, wo fängt sich das Chi? Wenn Sie mit dieser Sichtweise die Umgebung genau beobachtet haben, dann versuchen Sie herauszufinden, was sich an den verschiedenen Stellen dieser Landschaft vor Ihren Augen abspielt. Liegt vielleicht eine Müllkippe dort, wo sich die Energie staut? Wirbelt sie um einen Kirchturm hoch, meiden Menschen oder Tiere eine Stelle toter Energie, versammeln sie sich stattdessen vielleicht dort, wo sie frei fließt?

Die Stimmgabel

Eine Stimmgabel gibt den Ton an, mit dem die Musikinstrumente gestimmt werden oder Sänger sich einstimmen. Dabei spielt die Resonanz eine wesentliche Rolle. Schwingungen gleich welcher Art können einen anderen Körper zum Mitschwingen anregen. Wenn Sie also eine Stimmgabel anschlagen und dann den gleichen Ton summen, den das Instrument erzeugt, stehen Sie in Resonanz miteinander. Genauso kann umgekehrt ein von außen erzeugter Ton die Stimmgabel zum Klingen bringen. Verlassen wir die technische Seite und betrachten das Mitschwingen im übertragenen Sinn.

Das Chi ist eine Energieströmung, sie schwingt in der ihr eigenen Frequenz. Um sie aufzuspüren, müssen Sie in Resonanz mit ihr treten. Dazu ist es zuerst einmal notwendig, die Gedanken zu beruhigen und auf die Körperreaktionen zu lauschen. Um die ständig kreisenden Gedanken aus Ihrem Bewusstsein zu verbannen, dürfen Sie ihnen keine Aufmerksamkeit schenken. Das hört sich leichter an, als es ist. Am besten konzentrieren Sie sich nur auf eine Sache, z. B. auf Ihren Atem. Lassen Sie nichts anderes zu als den Gedanken »Einatmen-Ausatmen-Einatmen-Ausatmen…« Da das Atmen unwillkürlich erfolgt, können Sie nach einer Weile sozusagen neben sich stehen und sich dabei beobachten. Dann ist der Rest der Aufmerksamkeit frei, die Schwingungen der Umgebung aufzunehmen, Sie sind in der Lage, die Resonanz des Ortes zu spüren. Das kann ein Kribbeln, ein Zug- oder Druckgefühl, Wärme oder Kälte irgendwo in Ihrem Körper verursachen. Beobachten Sie diese Gefühle mit aller Aufmerksamkeit, und fragen Sie sich, ob sie positiv oder unangenehm sind. Auf diese Weise können Sie die Kräfte, die an einem Ort herrschen, allmählich beurteilen.

Schon bei der Übung »barfuß gehen« stellen Sie einen ganz natürlichen Kontakt zur Erde her. Machen Sie es, sooft es eben möglich ist.

Es gibt viele verschiedene Formen der Energie –

bekannte und bisher noch nicht definierte.

Wenn wir klug sind, können wir sie nutzen.

Die Energien *der* Erde

Energie – was verstehen wir darunter? Wenn Sie auf den Lichtschalter drücken und die Glühbirne leuchtet auf, dann wissen Sie, dass da elektrische Energie fließt. Wenn ein Felsbrocken den Berghang hinabpoltert und mit Krachen gegen ein Hindernis stößt, dann war das ein Zeichen mechanischer Energie. Wenn Sie einen anstrengenden Spaziergang hinter sich gebracht haben und sich hungrig auf die nächste Mahlzeit stürzen, haben Sie Kalorien, sprich Wärmeenergie, verbraucht. Was aber, wenn Sie voller Energie eine Idee entwickeln, einen Gedanken verfolgen oder einen Geistesblitz erleben? Die drei ersten Beispiele sind Energieformen, die man messen kann, die geistige Energie entzieht sich jedoch unseren wissenschaftlichen Messmethoden. Trotzdem ist sie da.

Theorie der fließenden Energien

In der Geomantie geht man davon aus, dass es Energien gibt, die (noch) nicht nachgewiesen sind. Das eine sind die im ersten Kapitel erwähnten Chi-Kräfte, Energieströme, die in der Landschaft und natürlich auch in Gebäuden fließen. Das andere sind Kräfte, die sich im Gestein der Erde verbergen.

Vielleicht werden Sie den Begriff »geopathische Störzonen« schon einmal gehört haben. Diese Zonen werden verantwortlich gemacht für Unwohlsein und Krankheiten. Hier drängt sich der Eindruck auf, dass es sich um gefährliche Erscheinungen handelt, die eine Bedrohung für Leib und Seele darstellen. Grundsätzlich sind die Energieströmungen jedoch neutral.

Manche von ihnen wirken aufbauend, andere abbauend. Natürlich, wenn Sie Ihr Bett auf einer energetisierenden Strömung stehen haben, dann ist das der Nachtruhe wahrscheinlich nicht besonders bekömmlich, Ihr Schreibtisch oder der Bereich der Geselligkeit kann dadurch aber belebt werden. Dagegen sind die entspannungsfördernden Kräfte, die in Ruhezonen wirken, wünschenswert, während sie am Arbeitsplatz einschränkend wirken. Tiere, die sehr wohl diese Energien spüren, verhalten sich ebenfalls sehr unterschiedlich. Man sagt, dass Hunde beispielsweise die Stellen unterirdischer Strömungen meiden, Katzen hingegen sie als ausgesprochen angenehm empfinden.

Der Begriff »geopathisch« bedeutet Krankheiten (pathos, *griechisch* Leid, Schmerz) aus der Erde.

Im Folgenden ein kurzer Überblick über die für diese Energien und ihre Phänomene gebräuchlichen Begriffe:

Kosmische Energien

Jede Kultur kennt in irgendeiner Weise diese alles durchdringende Lebenskraft. Die Inder nennen sie Prana, die Japaner Ki, die Griechen Äther, im polynesischen Sprachraum heißt sie Mana. Wir verwenden hier den chinesischen Begriff des Chi.

Auf dem Vorhandensein der kosmischen Energie beruht das ganze Gebäude des Feng Shui und ein großer Teil der Geomantie.

Chi-Kräfte

Es werden mehrere Arten der Chi-Kräfte unterschieden – diejenigen, die die Erde umkreisen, andere, die die Landschaft durchziehen, und die dritten, die in unserem Körper fließen. Das Geheimnisvolle und Paradoxe an den Chi-Kräften ist, dass sie sich sowohl lenken lassen als auch selbst lenken. Sie fließen mit dem Bewusstsein, wir lenken sie mit unserer Aufmerksamkeit. Diese Energien können aber auch eine eigenständige Bewegung entwickeln.

Atmungssystem der Erde So wird z. B. davon ausgegangen, dass es in der Landschaft Orte gibt, in denen Energie ein- und ausgeatmet wird. Die eingeatmete Energie wird im Erdinnern verarbeitet und wieder ausgeatmet, um ihren Fluss wieder aufzunehmen.

Schwarze Linien, schwarze Ströme
Zu den Atmungssystemen der Erde passt die folgende Beobachtung der Kinesiologen: Sie haben »Energieabflüsse« gefunden, Stellen, an denen Energie (Chi/Äther) aus der physischen Welt abfließt. Noch sind sich die Geomanten nicht einig, ob es sich dabei um ein natürliches und notwendiges Phänomen handelt oder ob es eine von Menschen verursachte schwere Störung des Energiesystems der Erde ist.

Organe der Landschaft Die Chi-Kräfte fließen aber nicht nur frei über die Landschaft hin, sondern es können sich an bestimmten Orten auch Systeme höherer Ordnung bilden. Sie umgeben Orte der Kraft, Ley-Linien (siehe S. 16) oder Knotenpunkte, die mit den Chakren des menschlichen Körpers verglichen werden (siehe »Landschaftstempel«, S. 54f.)
Chakren sind die Energiezentren des menschlichen Körpers, die entlang der Wirbelsäule liegen. Es gibt das Wurzelchakra (zwischen Steißbein und Genitalbereich), das Sexualchakra (Nabelgegend), das Solarplexuschakra (Sonnengeflecht), das Herzchakra, das Kehlkopfchakra, das

Stirnchakra (das dritte Auge) und schließlich noch das Scheitelchakra.

Landschaftstempel Hierbei handelt es sich nicht um Bauwerke, sondern um sakrale Strukturen der Landschaft selbst. Basierend auf der Chakren-Lehre, gibt es in der Landschaft Orte, die alle Chakren aufweisen und ähnlich dem menschlichen Körper angeordnet sind. Sie bilden die Landschaftstempel, die sich über ein weites Gebiet hinziehen können oder aber auch nur einen begrenzten Ort darstellen.

Abdrücke im Astral Alle Ereignisse, die von großer Gefühlsintensität begleitet sind, hinterlassen auf einer sehr feinen Schwingungsebene Spuren. In negativer Form wirken sich Kriege, Morde, Todesangst und Grauen aus, aber auch positive Abdrücke werden gespeichert. Heilige Stätten, an denen lange und oft gebetet und gefeiert wurde, behalten auch diese Gefühle für lange Zeit.

Terrestrische Energien

Verlassen wir das Denkgebäude der ätherischen Kräfte und wenden wir uns den magnetischen und elektromagnetischen Kräften zu:

Erdstrahlen Dies ist der Oberbegriff für alle Störungen des magnetischen Feldes der Erde. Ihr magnetisches Hauptfeld (95%) entsteht in den elektrischen Strömungssystemen im Erdinnern in einer Tiefe von etwa 2900 Kilometern. Ein weiteres Feld besteht in der Hochatmosphäre, und ein kleiner, aber vereinzelt bedeutsamer Anteil wird von den Gesteinen der Erdkruste erzeugt. Normalerweise nehmen wir diese magnetische Kraft nicht wahr, wir sind von Geburt an sie gewöhnt. Wenn jedoch das magnetische Feld gestört ist, treten Wirkungen positiver oder negativer Art auf. Gestört werden kann das Magnetfeld der Erde durch Erzanreicherungen, unterirdische Wasseransammlungen oder auch Verwerfungen und Brüche.

Verwerfungen Verändert oder verschiebt sich die Lage von Gesteinsschollen längs einer Bruchstelle, z. B. durch Erdbeben, entstehen Verwerfungen. Die ursprünglichen Gesteinsschichten sind zueinander versetzt, sie können dabei durchaus auch unter Druck stehen. Durch diese Verschiebung wird das Magnetfeld der Erdkruste lokal verändert.

Wasseradern Mit Wünschelrute und Pendel ist es relativ einfach, unterirdische Wasseradern aufzuspüren. Auf diese Weise haben die Menschen

Man nimmt an, dass jeder Ort – auch eine Quelle – weibliche und männliche Kraft hat, also polarisiert ist, um die Energie am Fließen zu halten.

Man hat die Ley-Linien mit den »Drachenlinien« des Feng Shui verglichen, die mystische Energie zum chinesischen Kaiser bringen sollen.

schon immer Stellen für Brunnen gesucht und gefunden. Es scheint einen rudimentären Wassersinn im Menschen zu geben, den wir von unseren tierischen Vorfahren geerbt haben. Je schneller und je mehr Wasser unterirdisch fließt, desto stärker stört es das Magnetfeld, besonders dort, wo sich Wasseradern kreuzen oder die geologischen Formationen sich ändern.

Weitere Energiebegriffe

Geomantie ist eine junge Wissenschaft, und so werden oft weitere Begriffe verwendet, die zum Teil mit den o.g. identisch sind oder zumindest verwandte Phänomene beschreiben. Der Vollständigkeit halber sollen sie hier aufgeführt werden.

Ley-Linien Der englische Radiästhet Alfred Watkins stellte fest, dass bestimmte alte Orte, wo es Dolmen, Menhire, Steinkreise, aber auch Kirchen oder Burgen usw. gibt, durch Kraftlinien verbunden sind. Mindestens fünf solcher Orte müssen in einer geraden Linie liegen (Alignements), damit man von einer solchen Landmarkierung sprechen kann. Die Hypothese sagt, dass diese Verbindungs-Ley-Linien von frühen Völkern als Kommunikationsweg verwendet wurden. Es gibt noch eine andere Hypothese von Marco Pogacnik, der angibt, dass diese Linien die Lebenskraft durch die Landschaft transportieren. Er nennt sie »Kraft-Ley-Linien«. Ihrem Wesen nach sind sie mit dem Fluss der Chi-Kräfte vergleichbar.

Blinde Quellen Der britische Okkultist Guy Underwood hat die »Muster der Vergangenheit« gesucht und gefunden: Alte Grabhügel, Menhire und andere steinzeitliche Stätten sind von einem spiralförmigen Energiewirbel umgeben, der mit radiästhetischen Hilfsmitteln aufzuspüren ist. Sie haben allerdings nichts mit den Strömungen unterirdischer Wasserquellen zu tun, sondern sind rein energetische Phänomene. Bäume, die auf diesen blinden Quellen stehen, haben oft einen gedrehten Wuchs. Blinde Quellen scheinen etwas Ähnliches wie die Organe der Landschaft zu sein.

Aquastate »Linien, die Wasserführungslinien gleichen, aber keine sind«, nennt sie Underwood. Doch eine nähere Erklärung gibt es nicht dazu.

Tracklines Ein dritter Begriff, den Underwood geprägt hat, sind die Fährtenlinien, die energetischen Spuren in der Landschaft, die Menschen ebenso wie Tiere auf oft begangenen

Pfaden hinterlassen haben. Sie mögen vergleichbar sein mit den Abdrücken im Astral.

Gitternetz-Linien Ein Gitternetz elektrisch aufgeladener Reizstreifen umgibt den ganzen Globus. Sie verlaufen diagonal zu den Polen (von Nordost nach Südwest und von Südost nach Nordwest) in einem Abstand von etwa drei Metern.

Die Linien dieses diagonalen Netzes werden nach seinem Entdecker Dr. Manfred Curry auch Curry-Linien genannt.

Ein weiteres Gitternetz, das rechtwinklig zu den Curry-Linien verläuft, hat Dr. Ernst Hartmann beschrieben. In diesem Hartmann-Gitter sind die Linien wechselnd positiv und negativ geladen. Grundlegend sind diese Gitter wie auch der Erdmagnetismus nicht schädlich, erst bei Störungen kann es zu geopathischen Auswirkungen kommen.

Polarisierung der Strahlung Die kosmischen und terrestrischen Strahlungen werden von den Formen der Materie und damit der Landschaft polarisiert. Oft findet man die Bezeichnung »Yin-und-Yang-Strahlung« in diesem Zusammenhang.

Vertikale Landschaftsformen wie Seen, flache Täler und Ebenen polarisieren die Strahlung zum Yin-Charakter, Berge, aufstrebende Bäume, spitze Felsen erzeugen Yang-Charakter der Strahlung.

Drehrichtung der Strahlung Ebenso wie Lichtwellen durch einen Filter dazu gebracht werden können, nur in einer Ebene zu schwingen, geschieht dies auch mit den Erdstrahlen. Es sind rechts- und linksdrehende Strahlungen, die von den unterirdischen Wasseradern oder Verwerfungen ausgehen.

Geübte Radiästheten können die Drehrichtung der Strahlung mit Instrumenten wie Pendel oder Wünschelrute aufspüren.

Es wird angenommen, dass rechtsdrehende Wasseradern Gesundheit und Wachstum fördern und linksdrehende zu geopathischem Stress führen können.

Kornkreise So gerne man es glauben möchte, dass Kornkreise die Botschaft von fremden Intelligenzen oder gar von Mutter Erde selbst sind – sie sind es nicht. Sie sind ein Phänomen, das Anfang der achziger Jahre vermehrt aufgetreten ist und von dem man weiß, dass es ein Produkt von Menschenhand ist.

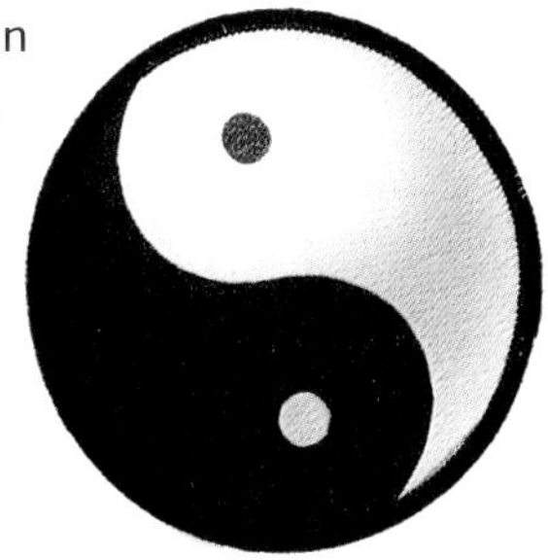

Yin und Yang ist das chinesische Begriffspaar für alle Arten von Gegensätzen wie negativ/positiv, weiblich/männlich, schwarz/weiß, abbauend/aufbauend, empfangend/gebend, rund/eckig, vertikal/horizontal usw. Yin ist das weibliche Prinzip und Yang das männliche.

Mit dem richtigen Handwerkszeug lassen sich unsichtbare oder unterirdische Energien aufspüren und gezielt erforschen.

Wünschelrute, Pendel & Co.

Eine Methode, die Kraftströme der Erde aufzuspüren, haben Sie mit der Stimmgabel-Übung bereits kennen gelernt. Sie ist allerdings, sofern Sie nicht außergewöhnlich sensitiv sind, recht undifferenziert, wenngleich als Voruntersuchung durchaus brauchbar. Wenn Sie differenziertere Aussagen über die unterschiedlichen Kraftströme erhalten wollen, dann sollten Sie sich mit dem Handwerkszeug Pendel und Wünschelrute vertraut machen. Sie wirken als »Verstärker« für die intuitive Wahrnehmung der unsichtbaren Energien, und mit ihnen können Sie nicht nur ihr Vorhandensein, sondern auch Fließrichtung und Qualität feststellen.
Ob Sie nun gleich Erfolg haben oder sich erst langsam an den Umgang mit Pendel und Wünschelrute herantasten müssen – sinnlos ist die Beschäftigung mit den radiästhetischen Geräten keineswegs, denn es ist ein Lernschritt im Studium der Erde.

Wünschelrute

Wünschelruten kann man sich sehr einfach selbst herstellen. Ein gegabelter Ast eignet sich bereits dazu. Bevorzugt wurden früher die Äste von Haselbüschen oder von Weidenbäumen. Der Y-förmige Zweig sollte etwa fingerdick sein und zwischen 30 und 50 Zentimeter lang. Achten Sie darauf, dass es sich um frische Äste handelt, oder bewahren Sie sie in Wasser auf.
Diese Y- oder Gabelrute hält man an den beiden freien Enden in den Händen, und zwar so, dass die Handflächen nach oben weisen und die Daumen nach außen. Stützen Sie die Ellenbogen am Körper an, so dass sich die Rute etwa in der Höhe des Solarplexus befindet. Die Rute selbst wird parallel zum Boden ausgerichtet, die beiden Enden werden auseinander gezogen, so dass in dem Instrument eine Spannung entsteht.
Und dann können Sie losgehen!
Doch zuvor sollten Sie sich schon darüber im Klaren sein, was Sie finden wollen. Wasserläufe, Ley-Linien, Gitternetze – man findet, was man sucht. Die geistige Einstellung ist das Wichtigste bei der radiästhetischen Untersuchung, die Konzentration auf das, was man sucht. Ebenfalls hilfreich ist es, sich vor der Suche in einen entspannten Zustand zu versetzen, ähnlich dem der Stimmgabel-Übung. Mit zusammengebissenen Zähnen werden Sie wenig Erfolg haben. Atmen Sie vor Beginn der

Auch mit Metallbügeln kann man sich eine Wünschelrute herstellen. Es gibt aber auch fertige Modelle zu kaufen.

Eine ausführliche Anleitung zum Umgang mit dem Pendel finden Sie in Anshas Buch »Grundkurs Pendeln«.

Untersuchung des Geländes mindestens zwanzigmal ganz ruhig ein, das macht ruhig und aufnahmefähig.
Und noch ein Bedienungshinweis: Die Wünschelrute wird in dem Augenblick nach oben oder unten ausschlagen, wenn Sie sich über der entsprechenden Stelle befinden. Da der Ausschlag heftig und ruckartig sein kann, sollten Sie die Rute weit genug von sich weghalten, sonst trifft sie die Nase oder andere empfindliche Stellen. Wenn Sie eine größere Fläche absuchen, bewegen Sie sich darauf in parallelen Linien, und markieren Sie die gefundenen Stellen. Wenn Sie die ganze Fläche abgegangen sind, können Sie anhand der Markierungen den Verlauf der Wasserlinie oder der Kraftlinie ablesen.

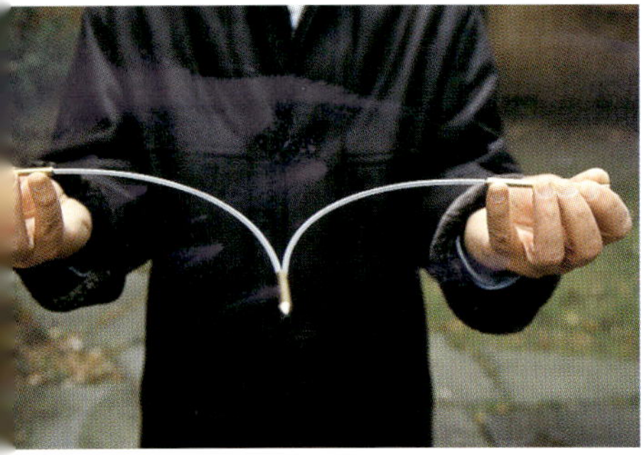

Eine V-Rute, eine Schleifenrute oder auch eine Gabelrute aus Weidenholz sind ideal zum Aufspüren von Wasseradern.

Pendel

Das Pendeln arbeitet nach dem gleichen Prinzip wie die Wünschelrute. Auch das an einer flexiblen Aufhängung befestigte Gewicht dient als Verstärker. Um im Gelände mit dem Pendel zu arbeiten, braucht man eine ruhige Hand und ein schweres Pendel, denn die Gehbewegung kann den Pendelausschlag beeinflussen. Es gibt ausgesprochene Geländependel zu kaufen, die mit einer Gradeinteilung versehen sind, aber da Sie vermutlich die Radiästhesie nicht zu Ihrem Hauptberuf machen wollen, tut es in diesem Fall auch ein Lot oder Senkblei an einer dünnen Metallkette. Notfalls können Sie aber auch einen einigermaßen gleichförmigen Stein mit etwas Schnur umwickeln. Nehmen Sie die Aufhängung zwischen Daumen und Zeigefinger, und warten Sie, bis das Pendel ruhig hängt, dann machen Sie sich mit langsamen Schritten auf den Weg. Dort, wo sich die von Ihnen gesuchte Linie oder Stelle befindet, wird sich das Pendel in Bewegung setzen. Es kann kreisen oder in einer geraden Linie hin- und herschwingen – das ist bei jedem Menschen anders. Üben Sie, und lernen Sie, was Ihnen Ihr persönliches Strahlensuchgerät sagen will.

Das Pendel als radiästhetisches Anzeigegerät

Mit Hilfe des Pendels kann man sich nicht bewusst wahrnehmbare Energien und Schwingungen anzeigen las-

sen. Wir sind umgeben von allerlei unsichtbaren Schwingungen – Radiowellen, leider auch von Elektrosmog, von magnetischen Feldern und so fort. Viele davon machen wir uns für unsere fünf Sinne wahrnehmbar: auf Bildschirmen, in Beleuchtungskörpern, aus Lautsprechern, auf Festplatten und CDs. Ohne diese technischen Hilfsmittel würden Sie aber beispielsweise den elektrischen Strom nicht sehen.
Es gibt jedoch durchaus noch mehr Kräfte, die mit den fünf Sinnen nicht wahrnehmbar sind und die die Naturwissenschaften auch noch nicht als solche völlig anerkannt haben. Nichtsdestotrotz sind sie vorhanden und wirken auf uns.

Störungsfelder ermitteln

Die Pendeltechnik und das Wünschelrutengehen wurden schon immer eingesetzt, um vor allem lebenswichtiges Wasser aufzuspüren. Wasseradern und Wasserreservoirs in der Erde strahlen eine Energie aus, die unser Unbewusstes in der Lage ist zu erkennen. Auch Erzlager kann der geübte Radiästhet mit der Rute oder dem Pendel ausfindig machen. Was unser Unbewusstes erkennt, kann das Pendel oder die Rute übersetzen und uns mit ihren Bewegungen anzeigen.
Wenn Sie z. B. in Ihrer Umgebung alte heilige Orte haben, Steinmale, uralte Bäume, heilkräftige Quellen oder ähnliche Stellen, dann kann es eine sehr interessante Übung sein, dort einmal die Pendelbewegungen im Umkreis festzustellen. Dies wird Ihnen ein Gefühl für positive und negative Erdstrahlen geben.

Das Pendel kann auch die Drehrichtung der Strahlung anzeigen: Heil- und Thermalwasserquellen sind meist rechtsdrehend, ebenso wie viele Brunnen in der Nähe von heiligen Stätten.

Geopathische Reizzonen

Das Ausfindigmachen von geopathischen Reizzonen, zu denen u. a. Wasseradern und elektromagnetische Felder zählen, kann im Alltag sehr hilfreich sein – einmal, um beispielsweise eine Quelle zu suchen, aber auch um die Strahlungsfelder von Störungen im Haus, insbesondere in den Schlafräumen, aufzudecken. Da wir heute in Häusern leben, die fast alle an das Netz der Wasserversorgung angeschlossen sind, erübrigt sich für die meisten Menschen das Suchen nach Wasser-

Jedes Gewicht, das eine geometrische Form hat, kann als Pendel verwendet werden.

Ursprünglich beschäftigte sich die Radiästhesie damit, Wasser aufzuspüren. Doch mittlerweile hat sich gezeigt, dass auch geopathische Störfelder mit Hilfe der Rute oder des Pendels ausfindig gemacht werden können.

quellen. Es ist aber eine beeindrukkende Übung, einmal mit dem Pendel durch Haus und Garten zu gehen und sich den Verlauf von Versorgungsleitungen und Abwasserkanälen anzeigen zu lassen. Ich persönlich ziehe dazu zwar die Winkelrute vor – sie ist etwas weniger anfällig gegenüber den Bewegungen, die beim Umhergehen entstehen – doch mit dem Pendel, vor allem mit einem schweren von mindestens 50 Gramm Gewicht, ist dies ebenso möglich.

Wasser suchen

Nehmen Sie Ihr Pendel zur Hand, und halten Sie es mit leicht angewinkeltem Arm vor sich, so dass es frei schwingen kann. Bringen Sie es in die Ruhestellung, und stellen Sie dann die Frage: »Verläuft hier eine Wasserleitung?« Gehen Sie mit dieser Frage im Gedächtnis langsam, Schritt für Schritt durch das Zimmer, und halten Sie nach jedem Schritt an, damit das Pendel nicht in eine Fremdbewegung gerät. In dem Augenblick, in dem Sie über einer Wasserleitung stehen, beginnt das Pendel mit seiner Bewegung. Vermutlich wird sie recht heftig sein, also halten Sie Kette oder Faden fest, damit Ihnen das Pendel nicht aus der Hand gleitet.

Sie können als Nächstes die Fließrichtung des Wassers abfragen und damit den Richtungsverlauf der Leitung feststellen. Überprüfen Sie Ihr Ergebnis anhand von Bauzeichnungen, wenn Sie welche vorliegen haben. Sie können auch gezielt an einem Wasserhahn beginnen und von dort den Verlauf der Leitung weiterverfolgen. Interessant ist übrigens, dass die Leitung selbst zum Zeitpunkt der Mutung überhaupt kein Wasser führen muss, sondern auch trocken sein kann. Regenabflussrohre und stillgelegte Leitungen kann man ebenfalls auf diese Weise finden.
Ein nützlicher Einsatz dieser Art der »Wassersuche« besteht darin, ein Leck in einer Wasser führenden Leitung aufzuspüren. Die Frage muss dann allerdings nach dem ausgetretenen Wasser lauten, nicht nach der Leitung. Wenn Sie die Leckstelle aufgespürt haben, fragen Sie nach der Tiefe in Form der Ja-Nein-Fragen. »Liegt das Leck tiefer als einen Meter?« Und danach: »Tiefer als einen halben Meter?« usw., bis Sie eine positive Reaktion erhalten. Machen Sie auf jeden Fall mehrere Gegenproben.
Diese Maßnahme sollte lediglich als Unterstützung für den Klempner die-

nen. Solange Sie nicht absolut sicher in Ihren Pendelfähigkeiten sind, vermeiden Sie es, in einem solchen Fall die Wand an der gefundenen Stelle aufzumeißeln.

Erdstrahlen aufspüren

Strahlungen, die von unterirdischen Wasserläufen oder Verwerfungen, von Erdspalten oder Anomalien des terrestrischen Magnetfeldes ausgehen, stehen in dem Ruf, schädliche Auswirkungen zu haben, und werden oft als Störfelder bezeichnet.
Sie müssen jedoch nicht in jedem Fall negative Belastungen darstellen, sondern können auch positiv wirken. An Kreuzungsstellen solcher Erdströme sind seit Menschengedenken heilige Stätten entstanden – Megalithbauten, Menhire, Dolmen, Tempel, später Kirchen, Kapellen und Kreuze. Dennoch kann es sein, dass das Zusammentreffen bestimmter Umstände dazu führt, dass sich diese Erdstrahlen belastend auf den menschlichen Organismus auswirken, insbesondere an solchen Stellen, an denen sich der Mensch täglich längere Zeit relativ bewegungslos und entspannt aufhält, d. h. also im Bett. Unruhiger Schlaf, Depressionen, Konzentrationsschwä-

Gerade der entspannte Zustand macht besonders empfänglich für die Schwingungen um uns herum. Darum ist beispielsweise der Standort des Bettes besonders zu beachten.

Häufig ist auf Kreuzungspunkten von Erdstrahlungen eine Kirche oder Kapelle gebaut worden. Spüren Sie selbst mit Pendel oder Wünschelrute diese Strömungen auf!

Schaffen Sie sich ein gesundes Raumklima und verbannen Sie Elektrogeräte aus Ihrem Schlafraum.

che bis hin zu ernsthaften Erkrankungen können die Folge sein.
Mit dem Pendel und der entsprechenden Frage nach Strahlungsfeldern können Sie Ihren Schlafraum überprüfen. Lassen Sie sich die Lage und Richtung der Erdströme anzeigen. Wenn Sie eine Stelle gefunden haben, dann fragen Sie danach, ob die Strahlung positiv oder negativ ist. Aber machen Sie auf jeden Fall mehrmals diese Untersuchung, bevor Sie anfangen, die Wohnung völlig umzuräumen. Wenn es nötig erscheint, wählen Sie einen anderen Platz für Ihr Bett. Es kann ausreichend sein, es einfach im rechten Winkel zu seiner jetzigen Position zu stellen. Unterstützend können Sie auch einige Zimmerpflanzen aufstellen. Befragen Sie Ihr Pendel vor dem Umstellen der Möbel, ob der neue Standort frei von belastenden Strahlungen ist. Bedenken Sie aber, dass nicht nur Erdströme auf den Körper wirken, sondern dass auch Elektrogeräte, die von Strahlungsfeldern umgeben sind, Ihre Gesundheit beeinflussen können. Darum achten Sie darauf, dass im Schlafraum so wenig wie möglich Strom fließt. Es macht wenig Sinn, sich nach Erdstrahlen zu richten und gleichzeitig ein Fernsehgerät oder eine Musikanlage im Schlafzimmer installiert zu haben.

Die Empfindsamkeit der Tiere für Erdstrahlungen zeigt sich auch in dem so genannten Wassersinn, der sie zu verborgenen Wasserstellen führt.

Weitere Kriterien, Erdstrahlen zu erkennen

Liegen Ihnen die radiästhetischen Praktiken nicht, gibt es auch andere Kriterien, anhand derer man insbesondere das Vorhandensein von Erdstrahlen erkennen kann. Wie schon erwähnt, verhalten sich **Tiere** sehr unterschiedlich den terrestrischen Energien gegenüber. So genannte Strahlenflüchter sind Hunde, Schweine, Rinder, Schafe und Pferde. Tiere, die diese Stellen jedoch schätzen und suchen, sind Katzen, Wespen, Bienen und Ameisen. Achten Sie also in Ihrem Haus auch auf die Lieblingsplätze Ihrer vierbeinigen Mitbewohner, und wenn Sie sich mit Ihrem Hund um den besten Platz im Bett streiten, kann das z. B. ein Zeichen sein, dass es an einem störungsfreien Platz steht.

Pflanzen sind ebenfalls Indikatoren für Erdströme. Bei den Bäumen sind Strahlungsflüchter Nussbäume, Buchen, Linden, Birken, Kiefern, Platanen und Flieder. Bäume und Büsche, die besonders gut an solchen Plätzen gedeihen, sind Eichen, Kastanien, Weiden, Eschen, Fichten, Tannen, Lärchen, Holunder, Buchsbaum, Ilex, Scheinzypresse und Schlehe.

Weitere Pflanzen, die gerne an strahlenden Orten wachsen, sind Brennnessel, Schafgarbe, Distel, Efeu, Farn, Mistel, Tollkirsche, Fingerhut – allgemein auch die Heilkräuter, wie z. B. Kamille, Minze, Johanniskraut und Huflattich. Auch Spargel und Pilze mögen diese Stellen. Strahlenflüchter sind beispielsweise Kulturpflanzen, wie Getreide, Gurken, Tomaten, Zwiebeln und Sellerie, Birnen-, Pfirsich-, Apfel- und Pflaumenbäume. Blumen wie Rosen, Primeln, Alpenveilchen und Geranien gedeihen an strahlenden Plätzen ebenfalls nicht besonders gut.

Einem Ort begegnen

Wenn Sie jetzt also neugierig unterwegs sind, vielleicht sogar mit dem Pendel in der Hand, werden Sie eine Menge über die verborgenen Qualitäten verschiedener Stätten lernen. Sie werden nicht nur die Richtung und Qualität der Strömungen erkennen, sondern nach und nach auch ihre Auswirkungen auf Pflanzenwuchs und das Verhalten der Tiere. Und natürlich sollten Sie auch immer ihre ganz persönlichen körperlichen und geistigen Reaktionen beobachten. Wirken die Kräfte anregend, aufbauend oder im intensivsten Fall überreizend auf Sie, oder wirken sie entspannend, beruhigend oder gar lähmend? Es können sich Kribbeln, Wärmegefühle, Gänsehaut bis hin zu Kopfschmerzen einstellen. Beobachten Sie alles – Geomantie ist eine Erfahrungssache, in der es keine präzisen Deutungen gibt. Jeder Mensch reagiert anders auf diese Reize. Doch grundsätzlich gilt: Wo Sie sich wohl fühlen, ist es gut für Sie, wo Sie ein schlechtes Gefühl oder unangenehme Empfindungen haben, gibt es Störungen. Warum das so ist, können Sie versuchen herauszufinden, indem Sie sich mit dem Gedanken vertraut

Lernen Sie wieder, sich auf Ihr Gefühl zu verlassen, und versuchen Sie, erst später mit dem Verstand die Situation zu erklären.

machen, dass jeder Ort eine bestimmte persönliche Qualität hat. Im Folgenden eine Übung, wie Sie diese herausfinden können.

Der Geist des Ortes

Nach zwanzig Atemzügen hat fast jeder Mensch die Alpha-Ebene erreicht. Das ist der Zustand des Bewusstseins, der kurz vor dem Einschlafen eintritt, wenn man zwar noch alle Reize der Umwelt aufnimmt, sie aber nicht mehr als störend empfindet.

Als Genius loci bezeichneten schon die Römer den Geist eines Ortes, der seinen Charakter prägt. Handelte es sich um einen sehr ausgeprägten Geist, konnte er in Form einer Gottheit verehrt werden. Genau an diesen Stellen wurden vielfach Götterstatuen errichtet oder andere Symbole der Gottheit aufgestellt. Vermutlich sind auch bei uns heute viele alte Kreuze und kleine Altärchen an eben solchen Stellen zu finden. Doch Sie müssen selbstverständlich nicht eine so gekennzeichnete Stelle besuchen. Sie kennen sicher in Ihrer Umgebung einen oder mehrere Orte, die Sie unwillkürlich immer wieder anziehen, an denen Sie sich wohl fühlen und den Eindruck haben, dass Sie dort innere Ruhe finden. Wenn Sie das nächste Mal eine derartige Stätte aufsuchen, nehmen Sie sich eine Decke und etwas Zeit mit.

Übung: Personifizieren des Ortes

Betrachten Sie den Ort, den Sie besuchen, als ein lebendes Wesen, etwa wie einen interessanten Menschen, den Sie unbedingt näher kennen lernen wollen. Verhalten Sie sich dementsprechend. Auf einen Fremden gehen Sie höflich zu, man fällt nicht gleich mit der Tür ins Haus, sondern versucht, sich langsam in den anderen einzufühlen. Genauso machen Sie es jetzt auch.
Bleiben Sie in einigem Abstand stehen und betrachten Sie den Ort mit Erwartung und Achtung. Es schadet nichts, wenn Sie im Geist einige nette Worte zur Begrüßung sagen. Denken Sie aber nicht zu viel, sondern lassen Sie nur die Eindrücke auf sich wirken. Wenn Sie das Gefühl haben, eingeladen zu werden, dann lassen Sie sich nieder, breiten Ihre Decke aus und setzen sich in einer bequemen, aber möglichst aufrechten Stellung nieder. Bitten Sie mit Ihren eigenen respektvollen Worten den Geist des Ortes, sich Ihnen zu zeigen. Dann schließen Sie die Augen – oder behalten einen unfokussierten Blick in die Ferne bei – und atmen zwanzigmal tief in den Bauch ein. Achten Sie auf nichts anderes als Ihren Atem.
Wenn Tagesgedanken aufkommen, halten Sie sie nicht fest, sondern lassen Sie sie einfach vorüberziehen. Es mag sich schwieriger anhören, als es

ist. Wenn Sie wirklich Kontakt aufnehmen wollen, wird es Ihnen ganz leicht fallen.

Lauschen Sie dem Ort und seinen Geistern

In diesem Zustand treten die Bilder auf, auf die Sie gewartet haben. Lassen Sie sie unkommentiert aufsteigen. Wenn sich der Geist des Ortes – wie immer er aussehen mag – Ihnen zeigt, können Sie ihm Fragen stellen. Ob Sie jedoch sinnvolle, befriedigende oder keine oder gar gereizte Antworten bekommen, das kann ich Ihnen nicht sagen. Es gibt Orte, die sich gesprächig und auskunftfreudig geben, und solche, die verletzt oder mürrisch sind. Seien Sie einfach neugierig darauf, was Sie erfahren. Wenn Sie glauben, dass die Begegnung beendet ist, verabschieden Sie sich von der Erscheinung und zählen langsam von zwanzig rückwärts bis eins. Dann öffnen Sie die Augen und bleiben noch einen Moment entspannt sitzen. Nehmen Sie das Licht, die Geräusche, den Duft um Sie herum ganz bewusst wahr.
Wenn Sie den Ort verlassen, ist es eine sehr hübsche symbolische Geste, einen kleinen Dank zu hinterlassen. Das kann ein hübscher Kiesel sein, den Sie irgendwo gefunden haben, ein Federchen, eine Blüte, ein Schneckenhaus. Sollten Sie mit dieser Übung keinen Erfolg, sondern nur eine schöne, entspannte Zeit in der Natur verbracht haben, dürfen Sie sich nicht grämen. Die Öffnung der Sinne ist für die meisten von uns eine Übungssache, die nicht sofort gelingen will. Geben Sie nicht dem Geist des Ortes dafür die Schuld. Wiederholen Sie die Übung an einem anderen Tag, dann, wenn Sie sich aufgeschlossen und aufnahmebereit fühlen. Erzwingen kann man eine solche Begegnung nicht, aber man kann an sich selbst arbeiten, um bewusst und jederzeit einen Entspannungszustand herzustellen. Das ist eine auch im stressgeplagten Alltag nützliche Fähigkeit.
Auch auf ein anderes Phänomen sollten Sie achten, wenn Sie einen für Sie bedeutsamen Ort aufgesucht haben: Manchmal erscheint der Geist, der ihm innewohnt, Ihnen auch erst in den nächtlichen Träumen.

Schenken Sie dem Ort, dem Sie sich bewusst genähert haben, zum Dank etwas, wie z. B. ein Blatt.

Die vier Grundelemente Feuer, Wasser, Erde und Luft sind bewohnt von Elementarwesen und Naturgeistern.

Die Elemente *der* Erde

Ein weiterer Ansatz, der eine andere Sicht der Erde ermöglicht, ist ein im Grunde sehr alter philosophischer Gedanke. Er beruht darauf, dass sich alles Leben aus vier (bei den östlichen Denkern fünf) Elementen zusammensetzt. Diese vier Elemente können in vielfältigen Verbindungen und Erscheinungsformen auftreten und Ihnen helfen, einen intensiven Kontakt zur Erde herzustellen.

Elemente – Urstoff der Natur

Die Materie besteht aus chemischen Elementen, derzeit sind 105 davon bekannt. Diese Elemente bilden den Urstoff der Natur und manifestieren sich als Atome. Diese Atome setzen sich wiederum aus weiteren, noch viel kleineren Elementarteilchen zusammen, deren Natur, wie die neue Physik herausgefunden hat, zum Teil überaus widersprüchlicher Natur sein kann. Letztlich scheint es sich zu zeigen, dass der Unterschied zwischen Materie und Energie nicht so groß ist, wie wir es gerne hätten.
Dieser kleine Exkurs in das heutige Verständnis der Elemente soll Ihnen die Idee vermitteln, wie sich die antiken Denker die Zusammensetzung der Welt vorgestellt haben. Auch sie haben nach den Ursubstanzen gesucht, doch für sie stand nicht alleine die Materie im Vordergrund, sondern mit ihr zusammen auch das Leben, Antrieb, Energie und Transformation. Die Sicht war ganzheitlicher, als sie die Naturwissenschaften mit ihren Spezialgebieten in der Gegenwart hat.

Die vier Elemente

Vier Elemente sind die Grundbausteine, aus denen sich alles zusammensetzt. Dies ist vielleicht auf den ersten Blick ein viel zu schlichter Ansatz, um die Welt zu erklären, aber wenn man sich etwas gründlicher damit beschäftigt, ist mit ihm eine umfassendere Erklärung unseres Lebens möglich als mit 105 chemischen Elementen und Dutzenden von Quarks, Neutrinos und Photonen.
Ohne Zweifel ist es wichtig, sich auch mit der Erforschung der chemischen und physikalischen Eigenschaften der Materie auseinander zu setzen, und wenn es nur dazu dient, dass eventuell irgendwann die intuitiven Erkenntnisse der Philosophen kaum noch von denen der Physiker abweichen.
Um die Erde zu verstehen und ihre Zeichen zu deuten, kann man sie ent-

Die Frage, ob die kleinsten Einheiten der Materie Wellen- oder Teilchenstruktur haben, kann nicht eindeutig beantwortet werden.

Die sensitiven und naturverbundenen keltischen Barden haben oft besungen, wie ihr Leben als Mineral, Pflanze oder Tier verlief.

Erdkruste irgendwann einmal ans Tageslicht, fallen der Erosion anheim, werden zu Staub, bilden sich unter dem Sedimentationsdruck um und geraten vielleicht wieder in die heißen Tiefen, wo sie schmelzen, abkühlen und neu kristallisieren. Sie brauchen Millionen von Jahren für ihren Kreislauf, und entsprechend lang reicht ihr Gedächtnis zurück.
Wenn es Ihnen vielleicht auch schwer fällt, Steinen ein Leben ganz anderer Art als unserem zuzugestehen, Pflanzen gegenüber sollte es Ihnen nicht schwer fallen. Pflanzen vermehren sich, wachsen, passen sich höchst differenziert ihrer Umwelt an, nutzen sehr ökonomisch alle Formen der Energie und zeigen deutlich an, was ihnen gefällt und was nicht. Experimente haben gezeigt, dass Pflanzen sich daran erinnern, wer ihnen Schaden zugefügt hat und dass liebevolle Gedanken und Berührungen ihr Wachstum anregen. Es gibt Menschen, denen man den berühmten »grünen Daumen« nachsagt, und das sind sicher nicht diejenigen, die besonders effizient mit dem Kunstdünger umgehen, sondern Personen, die sich auf ihre Pflanzen mental einstellen. Denken Sie unter dem Gesichtspunkt lebender Pflanzen einmal über Genmanipulationen nach. Es könnten Ihnen da durchaus einige Erkenntnisse kommen.

Feuer

Das Feuer ist eine Gabe der Götter an die Menschen – entweder wurde es ihnen freiwillig gegeben, oder irgendein Schelm hat es den hohen Mächten gestohlen. Der Wert und auch die Gefahren des Feuers zeigen sich in der Mythologie und den religiösen Gebräuchen im Zusammenhang mit dem Feuer deutlich. Der schlichte Mensch am Beginn seiner Laufbahn auf dieser Erde hatte noch keine Streichhölzer. Stellen Sie sich vor, wie schwierig es für ihn war, ein Feuer zu entfachen. Auf den Trick mit den Funkensteinen muss man erst einmal kommen. Feuer konnte er praktisch nur erhalten, wenn in der Nähe ein Blitz einschlug oder trockenes, harziges Holz sich in der Sonnenhitze entflammte. Die Gefahr, dabei in den Flammen umzukommen, war recht groß. Hatte man aber erst einmal ein Feuer, musste es gehütet werden, damit es nicht wieder verlöschte oder außer Kontrolle geriet.

Feuer ist eben sehr lebendig. Das heilige Herdfeuer zu hüten war die Aufgabe der Priesterinnen und Priester – eine überaus wichtige Funktion. Heute brennen zwar noch in manchen Kirchen und Kapellen die ewigen Lichter, ansonsten hütet niemand mehr das Feuer. Uns ist seine Lebendigkeit zum Teil nicht mehr bewusst, es sei denn, der Blitz schlägt ins Leitungsnetz und die Lichter gehen aus. Feuer ist Energie, ob aus Erdöl oder Atomen, aus Wasserkraft oder von Wind und Sonne geliefert. Wir haben diese urtümliche Energie gezähmt und sie uns gefügig gemacht – aber zu welchem Preis!

Fossile Brennstoffe wie Öl, Gas und Kohle sind in Millionen Jahren entstanden in einem allmählichen Prozess, der Sonnenenergie in lebenden Körpern (Plankton, Pflanzen, Tiere) speicherte. In einem anaeroben Verwesungsakt unter luftdichten Sedimentschichten wandelten sie sich chemisch um und lagerten lange Zeit unter der Erde – ein gewaltiger Energiespeicher aus unbeschreiblich vielen Lebenskreisläufen. Der Mensch holte sie wieder herauf und setzte diese uralte, geballte Energie wieder frei, und zwar innerhalb eines Jahrhunderts. Das ist im Verhältnis zur Entstehung ein winziger Zeitraum, der noch nicht einmal einem Wimpernschlag gleicht.

Gleiches gilt im Prinzip auch für die Freisetzung von Energie durch Atomspaltung. Radioaktivität ist nicht das personifizierte Böse, wie oft dargestellt, sie ist eine völlig normale Erscheinung in der Natur. Überall zerfallen hin und wieder Atome und strahlen ihre Energie ab, aber sie sind so weit verteilt, dass es nicht zu einer explosionsartigen nuklearen Kettenreaktion auf der Erdoberfläche kommen kann. Das haben erst wir Menschen hinbekommen, indem wir genügend viel radioaktive Masse zusammengebracht haben, die dann in einem mehr oder weniger kontrollierten Ablauf ihre Energie und Strahlung freisetzt.

Wir brauchen Vorräte auf, die in den nächsten Jahrhunderten nicht wieder regeneriert werden können–ein problematisches Vorgehen!

Luft

Der große Vorteil der Luft ist ihre Beweglichkeit, dadurch vermischt sie sich immer wieder neu. Die Beweglichkeit entsteht einerseits durch die Erddrehung, andererseits aber auch durch die Temperaturdifferenzen zwischen den Meer- und Landflächen. Das Phänomen, das

erspürten Elementarwesen hat Pogacnik ein detailliertes und umfangreiches Werk verfasst, in dem Sie sich über seine Erfahrungen weitergehend informieren können (siehe Literaturhinweise).
Eine andere Erklärung für diese Naturgeister, die ich persönlich sehr viel plausibler finde, geht davon aus, dass es sich um Erscheinungen aus dem menschlichen Unbewussten handelt. Wir nehmen sehr viel mehr Informationen auf, als uns bewusst ist, zum Teil über unsere fünf Sinnesorgane, zum Teil aber auch über andere Kanäle. Wir sind mit allem Leben dieser Erde auf die eine oder andere Weise verbunden, und so ist es durchaus möglich, mit Tieren, Pflanzen und auch mit dem »Geist des Ortes« zu kommunizieren. Natürlich erfolgt diese Unterhaltung nicht im Gespräch, sondern in einem mentalen Bereich und einer entsprechenden Bewusstseinshaltung.
Doch warum viel darüber theoretisieren, versuchen Sie es einfach.

Rendezvous mit einer Elfe

Besuchen Sie eine Elfe, z. B. eine solche, die am Wasser lebt. Den Elementarwesen des Wassers hat man höchst ambivalente Eigenschaften zugeschrieben. Denken Sie an die

Zur Zeit der Dämmerung, dann, wenn die Schatten des Abends heraufziehen und die Sonne untergeht, können Sie – wenn Sie Glück haben – einer Elfe begegnen.

Sirenen, die singend unerfahrene Schiffer ins Unglück führten; die Lorelei hat deshalb keinen besonders guten Ruf. Auch in tiefe Brunnen, in Strudel und Stromschnellen haben Nixen und Wassermänner unsere Vorfahren angeblich gelockt und nicht mehr freigegeben. Doch die hinterlistigen und bösen Eigenschaften haben die Nymphen und Nereiden, die Nixen und Undinen eigentlich erst erhalten, als uns die Natur fremd und zur Bedrohung wurde. In einer Zeit, in der sich die Menschen im Einklang mit ihrer Umwelt befanden, sah es etwas anders aus an den Quellen, Flüssen und Seen. Die Kelten kannten sie als die Herrin der Quelle und die Brunnenjungfrauen, die über das lebensspendende Wasser wachten, und Heilquellen waren den Göttinnen geweiht. Die Griechen verehrten die Nereiden, die nicht nur Schiffsunglücke vorhersagen konnten, sondern sie auch verhinderten. Versuchen Sie sich selbst ein Bild zu machen von den Wesen, die mit dem Element Wasser verbunden sind.

Wo ist der beste Ort, wann der ideale Zeitpunkt?

Traditionell heißt es, die beste Zeit, um Elfen zu treffen, ist die Dämmerung. Es gibt keinen logischen Grund, warum das so ist, aber ich denke, kaum jemand kann sich dem Reiz dieser seltsam zwielichtigen Stunde entziehen, wenn die Sonne untergeht. Es ist, als ob die Natur für einen Moment den Atem anhält und sich auf die Nacht mit ihren Schatten und Geheimnissen vorbereitet. Nehmen Sie sich wann immer Sie können die Zeit, in der Morgen- oder Abenddämmerung einen Augenblick innezuhalten und die Stimmung auf sich wirken zu lassen.

Sicher kennen Sie in Ihrer Umgebung ein Gewässer, wenn möglich eines, das noch naturbelassen ist. Ein Bächlein zwischen den Weiden, eine Quelle im Wald, eine Flussmündung, ein schilfbestandener See, ein alter Brunnen. Suchen Sie den Platz Ihrer Wahl in der Dämmerung auf, und lassen Sie sich dort nieder. Verfahren Sie so, wie es bei der Personifizierung des Ortes beschrieben ist. Atmen Sie tief ein, und lassen Sie die Gedanken ruhen. Wenn Sie entspannt und dennoch aufmerksam sind, steigen die inneren Bilder auf, und dann wird sich Ihnen die Hüterin oder der Hüter des Gewässers zeigen. Ob es eine schelmische Nixe oder eine verschleierte Alte, ein knorriger Wassermann oder

Die Kelten verehrten die Göttin Coventina als die Herrin der Quellen. Aus ihr wurde in den späteren Sagen Viviane, die Dame vom See.

gar die Göttin der Quelle ist, kann ich Ihnen nicht sagen, es mag ein bekanntes Wesen oder eine seltsame Gestalt sein. Vielleicht ist sie bereit, mit Ihnen in Kontakt zu treten, vielleicht auch nicht. Erzwingen Sie nichts, denken Sie nicht, werten Sie nicht, nehmen Sie einfach wahr.
Wenn die Begegnung beendet ist, sagen Sie Dank und hinterlassen ein kleines Geschenk.
Und wenn Sie zu Hause angekommen sind, überdenken Sie doch einmal Ihren Wasserverbrauch.

Mit seiner Krone verbindet sich der Baum mit dem Himmel, den höheren Mächten. Mit der Wurzel reicht er in die Erde und ihre Unterwelt, der Stamm ist die Verbindung von beiden.

Die Eigenschaften der Bäume

Wenn Sie trotz guten Willens nicht geneigt sind, Elfen und Feen als reale Gestalten zu akzeptieren, dann bieten sich Bäume als Alternative an.

Was Bäume uns erzählen

Bäume sind sensible Lebewesen; wenn man sich auf sie einstellt und sich mit ihnen vertraut macht, können sie eine Menge Informationen zur Verfügung stellen – vor allem über die anfangs genannten Erdkräfte. Achten Sie bei Spaziergängen und Wanderungen auf den Wuchs der Bäume.

Drehwuchs
Der Baum steht auf einer Stelle, wo sich unterirdische Wasseradern kreuzen. Auch andere Symptome, etwa gleichmäßig über den Baum verteilte Krebsgeschwüre, die wie Knoten aussehen, verweisen auf derartige Kreuzungspunkte.

Schrägwuchs
Sofern nicht eindeutig von der vorherrschenden Windrichtung beeinflusst, deutet der Schrägwuchs in den meisten Fällen darauf hin, dass der Baum auf einer linksdrehenden Strahlung oder Verwerfung steht, die mit Rute oder Pendel leicht zu finden sind.

Verwachsungen
Seltsam verwundene Stämme oder Äste, die merkwürdige Formen bilden und hin und wieder sogar sprechende Symbole darstellen, entstehen an Orten mit hoher rechtsdrehender Strahlung.

Reihungen
Bäume mit gleichen Symptomen, die in Reihen wachsen, deuten auf den Verlauf einer Wasserader oder Verwerfung hin. Das gilt aber nur für wild wachsende Bäume. Schonungen, in denen die Pflanzen in Reih und Glied stehen, so wie sie überall zu finden sind, sind von Menschenhand angelegt.

Verkrebsungen

Wülste und Knoten entstehen dort, wo Bäume auf geologischen Verwerfungen wachsen.

Hexenbesen

Das sind knotenförmige Wucherungen, aus denen zahlreiche Triebe ohne einheitliche Wuchsrichtung wachsen.

Dieses seltsame Phänomen tritt mit einiger Regelmäßigkeit an Bäumen auf, die auf einer rechtsdrehenden Strahlung hoher Intensität stehen. In den Zweigen solcher Bäume nisten selten Vögel.

Zwiesel

Das ist eine Gabelung des Hauptstammes in zwei gleich große Verzweigungen. Die Zwieselung zeigt eine Wasserader an; je höher die Teilung des Stammes ist, desto tiefer liegt die Ader. Man rechnet, dass man ungefähr die achtfache Strecke der Höhe zwischen Boden und Teilung bis zur Wasser führenden Schicht annehmen kann.

Wasserreiser

Diese Austriebe am Stamm direkt an der Wurzel bedeuten, dass sich der Baum auf einer Verwerfung befindet.

Misteln und Efeu

Die beiden Pflanzen bilden mit dem Baum eine Lebensgemeinschaft. Misteln und Efeu sind so genannte Strahlensucher und damit ein Indiz für einen gestörten Standort. Der Baum nutzt diese Pflanzen, um auf diese Weise die Störung durch starke linksdrehende Strahlungen auszugleichen.

Teilweise Entlaubung und geknickte Spitzen

Neben den natürlichen Strahlungsquellen sind in der Umwelt heute unzählige von den Menschen verursachte Strahlungen anzutreffen. Stromleitungen, Sender, Radaranlagen und vieles andere mehr können ebenfalls auf die Bäume einwirken. Ein sicheres Zeichen dieser Kräfte ist die teilweise Entlaubung bei Laubbäumen und bei Nadelbäumen die geknickten Spitzen der Äste und Triebe.

Auffallend verschlungener Wuchs lässt bei Bäumen auf eine rechtsdrehende Strahlung schließen.

Strahlenflüchter/Strahlensucher

Wie im Kapitel »Die Energien der Erde« bereits erwähnt, mögen manche Bäume und Sträucher Strahlungen, andere wiederum fliehen solche Standorte.

Auch die Erde leidet wie wir Menschen unter Verletzungen. Mit Ritualen aus Licht, Farbe, Gesang oder Tanz lassen sie sich lindern.

Symbole und Rituale zur Erdheilung

Das, was durch die Verschmutzung und den Missbrauch der Umwelt offensichtlich zerstört ist, muss durch geeignete Maßnahmen auf der materiellen Ebene gesäubert und rekultiviert werden, und hier ist noch viel zu tun. Es wäre sicher nicht verkehrt, sich in Projekten zu engagieren, die solche wirkungsvollen Heilungstherapien zum Ziel haben. Für die Heilung der Wunden im energetischen Bereich gibt es keine so konkreten Maßnahmen wie Aufforstung oder Rückbau von Kohlerevieren. Hier ist vor allem die Sensitivität des Einzelnen gefordert, der spüren muss, welcher Art die Verletzungen sind und welche Maßnahmen zur Heilung des Ortes beitragen. Einige praktikable Möglichkeiten sollen hier aufgeführt werden.

Methoden der energetischen Heilung

Die Wunden und Verletzungen der geistigen Sphäre der Erde sind vergleichbar mit den psychischen Verletzungen, die ein Mensch erhalten hat. Trauer, Depression, Schmerz und Wut sind mit Heftpflaster und Salbe nicht zu heilen. Aber die Seele reagiert auf andere »Medikamente«. Die seelische Welt ist die Welt der Bilder und Symbole. Rituale sind symbolische Handlungen, in denen unbewusste Ebenen des Menschen angesprochen werden. Das gilt auch für die Erde, wenn man sie sich als ein von geistigen Energien wie Chi oder Äther durchflossenes Wesen vorstellt. Wenn Sie also eine Stelle aufgespürt haben, von der Sie instinktiv wissen, dass sie sich im Ungleichgewicht befindet, dann helfen Sie mit einer der nachfolgend angeführten Heilmethoden, sie wieder zur Harmonie zu führen.

Licht-Visualisation

Farben beeinflussen unsere Stimmung, Farben wirken auf das Unbewusste, Farben heilen. Nun kann man einen Ort in der Natur, der eine energetische Verletzung erfahren hat, nicht einfach mit buntem Licht bestrahlen; in diesem Fall wird eine geistige Heilung mit Farben vorgenommen. Der Vorteil ist, dass Sie diese Übung immer dann machen können, wenn Sie das Bedürfnis verspüren, einer Stätte etwas Gutes zukommen lassen zu wollen. Sie können sie alleine oder zusammen mit anderen machen. Sie hat darüber hinaus den Effekt, dass Sie auch Ihnen selbst gut tut.

Ob Sie an der technischen Entwicklung alternativer Energien mitarbeiten oder ein Bäumchen pflanzen, hat den gleichen Stellenwert. Wenn es nur etwas ist, was Sie mit ganzem Herzen machen.

Farbe	heilt	fördert
Gelb	Trauer, Verbitterung, Dummheit	Kommunikation, Heiterkeit, Konzentration
Gold	Kleingeistigkeit, Ohnmacht	Lebenskraft, Großzügigkeit, Selbstbewusstsein
Orange	Kälte, Rückzug, Abgeschlossenheit	Geselligkeit, Wärme
Rot	fehlender Mut, Kraftlosigkeit, Müdigkeit	Energie, Liebe, Tatkraft
Purpur	Verachtung, Würdelosigkeit	Respekt, Erhabenheit, Selbstachtung
Violett	Entweihung, Schändung, geistige Wunden	Spiritualität, geistige Verbindungen
Blau	Untreue, Hoffnungslosigkeit, Lügen	Entspannung, Vertrauen, Beständigkeit
Blaugrün	Energieüberschuss, Hitze, Unruhe	Erholung, Gelassenheit
Grün	Verdorren, Verfall, Einengung	Wachstum, Erneuerung
Braun	Unruhe, Realitätsferne, Kälte	Beständigkeit, Erdverbundenheit
Schwarz	Oberflächlichkeit, Grenzenlosigkeit, Haltlosigkeit	Würde, Tiefgang, Ernst
Weiß	Unreinheit, Verschmutzung, Chaos, Schatten	Reinheit, das Gleichgewicht

Die Farbtherapie wird auch beim Menschen eingesetzt, und dass Farben die Stimmung beeinflussen, ist ein altbekanntes Wissen.

Visualisieren Sie farbiges Licht! Dazu nehmen Sie zunächst eine entspannte Haltung ein und atmen zwanzigmal ein, wobei Sie sich nur auf Ihren Atem konzentrieren. Dann stellen Sie sich bei geschlossenen Augen eine Farbe vor. Lassen Sie sie leuchten, tauchen Sie ein in diese Farbe, und nehmen Sie ihre Schwingung wahr. Wenn Sie sich ganz erfüllt von diesem farbigen Licht fühlen, lassen Sie es mit Ihrem Willen dorthin fließen, wo die Heilung notwendig ist.

Wenn Sie anfangs Probleme mit dem Visualisieren von Farben haben, können Sie auch zunächst mit farbigem Papier oder Stoffen üben. Schauen Sie sich die Farbe Ihrer Wahl so lange an, bis es Ihnen leicht fällt, sie sich auch mit geschlossenen Augen vorzustellen.

Ein kleiner Tipp in der Vorwegnahme späterer Kapitel: Farben werden auch bei der Gestaltung von Räumen eingesetzt, und hierbei gelten natürlich die gleichen Kriterien.

Mantras

So wie das Licht mit seinen Schwingungen heilt, heilen Töne ebenfalls. Mantras sind Laute oder, wenn man will, heilige Worte oder Worte der Macht, die, ständig wiederholt, durch ihr Wellenmuster auf die Schwingungsebene eines Ortes oder eines Lebewesens einwirken. Das bekannteste Mantra unserer Kultur ist etwa das »Amen«. Aus dem asiatischen Kulturkreis kennen Sie vermutlich das AUM (Ommm). Versuchen Sie jedoch nicht gleich mit irgendwelchen magischen Namen zu operieren, wenn Sie mit Lauten heilen wollen.

Die fünf Vokale I, E, A, O, U bringen, gesummt oder gesungen, eine mächtige Resonanz hervor.

I: Gesungen als lang gezogenes Iiiiieh aktiviert es beim Menschen die Energie der Kopfgegend.

E: Etwas tiefer von der Tonlage intoniert aktiviert das Eeeeh den Halsbereich des Menschen.

A: Tief aus der Lunge heraus gesungen vibriert das Aaaaah im Bereich des Herzens bis in die Gliedmaßen.

O: Das lang gezogene Ooooh kommt wie dieser Laut des großen Staunens tief aus dem Bauch.

U: Uuuuh aktiviert schließlich die Energien im Genitalbereich.

Im nächsten Kapitel kommen wir auf die Chakren der Landschaft zu sprechen, und wenn Sie sich etwas intensiver damit beschäftigen, werden Sie die entsprechenden Zuordnungen leicht finden. Aber halten Sie sich

Viele Menschen summen unbewusst irgendwelche Tonfolgen vor sich hin, wenn sie sich wohl fühlen.

Tanzen im Uhrzeigersinn entspricht dem Lauf der Sonne und der Drehrichtung der Erde – das erhöht die Verbindung zur Erde.

nicht sklavisch daran, fühlen Sie, was diese Laute bei Ihnen auslösen und was Sie damit übermitteln können. Welcher Ton der richtige ist, werden Sie selbst herausfinden müssen, denn jeder Mensch singt und spricht anders, und meist ist es eine Abfolge von Lauten, leise oder laut, hoch oder tief, die sich von selbst einstellt, wenn man sich mit einem Ort oder Lebewesen identifiziert.

Jede Mutter, die ihr Kind in den Schlaf summt, kennt dieses Phänomen. In der traditionellen Magie werden beispielsweise die drei »Mutterlaute« verwendet, mit denen die Mütter aller Zeiten und Kulturen zu ihren Babys sprechen.

Ah: Das lang gezogene Ahhhh lenkt die Aufmerksamkeit auf freundliche Weise auf einen Gegenstand, eine Situation oder ein Wesen. Es ist nicht drohend, sondern will das Bewusstsein für einen bestimmten Zweck schärfen. Als Einleitung eines Heilungsrituals ist es gut geeignet.

Mh: Das gesummte Mhhhh verwenden wir nicht nur, wenn uns etwas gut schmeckt, sondern es ist auch ein Laut des absoluten Wohlgefühls. Mit ihm kann man Harmonie und Sympathie an den zu heilenden Ort schicken und Mitgefühl bekunden.

Sch: Nicht zischend, sondern weich ausgesprochen, so, als ob man ein weinendes Kind beruhigen will, vermittelt das Gefühl, dass Hilfe da ist. Es tröstet und zeigt, dass man sich um das Wohlergehen des verletzten Ortes kümmert.

Wenn sich aus Lauten und Tönen ein wortloser Gesang einstellt, nennt man das neudeutsch »chanten«.

Wenn Sie mit einer mehr oder weniger musikalisch begabten Gruppe zusammen Erdheilung durch Mantras betreiben, kann das unter Umständen zu einem wunderschönen Gesangserlebnis werden.

Tanz

Wenn man schon singt, dann liegt es nahe, auch zu tanzen. Die Naturvölker haben den Tanz zu Ehren von Mutter Erde lange gepflegt. Keine kunstvollen Tanzfiguren sind hier gefragt, sondern eher rhythmische Stampftänze, mit denen ein Kontakt zum Boden hergestellt wird. Seien Sie kreativ, wenn Sie tanzen! Niemand schreibt Ihnen die Schritte vor. Die Erde selbst bestimmt die Choreografie. Aber tanzen Sie im Kreis – um einen Baum, einen Stein, einen selbst gewählten Mittelpunkt. Untermalen Sie den Tanz mit Händeklatschen und

Stampfen. Wenn Sie ein geeignetes Instrument finden, können Sie natürlich auch trommeln, rasseln oder andere instrumentale Geräusche zum Tanz einsetzen.

Natur-Mandalas

Eine der wirkungsvollsten Übungen ist es, ein Natur-Mandala zu gestalten. Ob in der Landschaft, im Garten oder in Ihrem Haus selbst, überall können Sie dieses universelle Symbol der Ganzheit und Zentrierung erstellen.

Ein Mandala ist in der einfachsten Form ein Kreis mit einem Mittelpunkt. Der Kreis ist eine unendliche Linie, doch er umschließt auch einen Raum. Der Punkt ist die Einheit in der Unendlichkeit, die Mitte, das Zentrum.

Auch alte Steinkreise sind Natur-Mandalas. Sollten sie ein Symbol von Ganzheit sein, um den Menschen einzubinden in die Unendlichkeit?

An dem Ort, der Ihrer Meinung nach der Heilung bedarf, oder auch nur dort, wo Sie meditieren wollen oder feiern, können Sie aus Naturmaterialien ein solches Mandala legen. Sammeln Sie dafür Äste, Kiesel, Federn, Tannenzapfen, Blumen, Muscheln, Gräser oder was immer der Ort selbst bietet. Ihren Einfällen in der Gestaltung des Symbols sind da nur wenige Grenzen gesetzt. Nur eines gilt selbstverständlich – keine nicht natürlichen Gegenstände zu verwenden, auch wenn Plastikblumen haltbarer und farbenprächtiger sind als echte. Rupfen Sie unter gar keinen Umständen Pflanzen mit Wurzeln aus, und wenn Sie Blumen und Kräuter pflücken, lassen Sie immer so viel stehen, dass die Pflanzen noch nachwachsen können.

Die Bedeutung der Menhire bei Carnac in der Bretagne haben zu vielen Vermutungen geführt. Bis heute wurde das Rätsel nicht gelöst.

Akupunktur

Akupunktur ist eine alte chinesische Heilungsmethode, bei der feine Nadeln an bestimmten Körperpunkten eingestochen werden. Dabei aktivieren oder deaktivieren sie die Chi-Ströme im Körper, die bestimmten Bahnen, den Meridianen, folgen. Auf die Erde übertragen sind diese Meridiane die Ley-Linien, entlang denen die Lebenskraft fließt. Der Begründer der praktischen Erdheilung, Marco Pogacnik, der in der Lage ist, die gestörten Energieflüsse der Erde aufzuspüren, hat an diesen Stellen Steine aufgerichtet, die ähnlich wie Akupunkturnadeln in der Landschaft wirken. Diese Steine haben eine erstaunliche Ähnlichkeit mit den Menhiren, die die Menschen der Megalithzeit errichtet haben – man sieht sie u. a. in der Bretagne – und deren Sinn und Anordnung der wissenschaftlichen Archäologie bisher noch immer weitgehend verborgen ist.

Kosmogramme

Ebenfalls von Pogacnik stammt der Begriff »Kosmogramm«. Er ist zusammengesetzt aus dem griechischen Wort *kosmos*, das universale Ordnung bedeutet, und *gramma*, das Zeichen oder Schriftzeichen heißt. Er sieht in ihnen Steuerungsorgane für die durchströmende Kraft. Sie bestimmen Qualität, Intensität, Richtung und Schwingungsmuster der feinstofflichen Energie. Sensitive

Menschen können im Geist Strukturen erkennen, die bestimmte Eigenschaften eines Ortes oder einer Landschaft widerspiegeln. Sind diese Muster zerstört, leidet an jenen Stellen die Erde. Pogacnik versucht mit selbst entworfenen Mustern, die er an seine steinernen Akupunkturnadeln anbringt, damit die Störungen zu heilen. Sowohl Steinsetzungen als auch Kosmogramme sind sicher nicht das Heilungsverfahren, das jedermann leicht anwenden kann, es muss aber hier der Vollständigkeit halber erwähnt werden. Wenn Sie Gelegenheit haben, einmal nach Türnich (bei Köln) zu kommen, so werden Sie dort einen alten, halb verwilderten Park finden, in dem diese Steinsetzungen mit ihren wirklich ästhetischen Mustern zwischen uralten, sehr gesunden Bäumen stehen. Wenn Sie sich mit dem Pendel diesen ästhetisch gestalteten Steinen nähern, werden Sie feststellen, dass das Instrument keinerlei Ausschlag anzeigt. Der Park selbst strahlt Ruhe und eine verzauberte Stimmung aus, und schon das ist es wert, ihn zu besuchen.

Weitere Erdheilungsprojekte hat Pogacnik in Innsbruck, Villach und Kiel durchgeführt.

Alte Parklandschaften sind von ihrem ästhetischen Wert her ideale Standorte für Steinsetzungen. Doch zuvor muss geprüft werden, wo Energieflüsse der Erde gestört sind.

Vorzeitliche Kultstätten und christliche Kirchen befinden sich meist an Orten, an denen eine außergewöhnliche Erdenergie spürbar ist.

Die Heilkraft *der* Erde spüren

Dort, wo die Erde gesund ist, heilt sie ihrerseits auch den Menschen. Das geschieht beispielsweise an heißen oder mineralhaltigen Quellen, in der heilenden Luft, in tiefen Höhlen oder an Stellen, wo Erdströme besondere Kräfte aktivieren. Hier befinden sich heute oft alte Kultstätten, Bäder, Kirchen oder Dolmen. Aber auch genau dort, wo Sie jetzt sitzen oder stehen, können Sie die Heilkräfte der Erde in Anspruch nehmen. Widmen Sie sich einer der wesentlichsten Übungen, die für den Kontakt mit der Erde, dem Verständnis und der Heilung notwendig ist: der Erdung.

Übung zur Erdung

Wann immer Sie sich nicht im Lot fühlen, nicht im Einklang mit sich und der Umwelt stehen, wenn Sie Ihre Mitte verloren haben, können Sie sich mit Hilfe dieser Erdungsübung wieder stabilisieren. Dazu brauchen Sie nur zehn Minuten Ihrer Zeit, ein wenig Vorstellungskraft und einen Platz, an dem Sie mit ausgebreiteten Armen stehen können.

Wenn möglich stellen Sie sich barfuß, zumindest aber mit flachen Schuhen aufrecht hin. Die Füße stehen etwa schulterbreit auseinander, die Knie sind leicht gebeugt, das Becken ein wenig nach vorne gekippt. Tänzer und Kampfsportler, die einen sicheren Stand brauchen, um aus ihrer Mitte heraus die unterschiedlichsten Bewegungen schnell und präzise durchzuführen, kennen diese Haltung. Wenn Sie einmal einen Kurs in Rückenschule oder Wirbelsäulengymnastik gemacht haben, ist Ihnen diese Haltung wahrscheinlich ebenfalls vertraut. Sie hat den Vorteil, dass die Bewegungen aus dem Körperschwerpunkt kommen.

Halten Sie Ihren Oberkörper aufrecht, die Schultern leicht nach hinten unten gezogen, das Kinn gerade nach vorne gestreckt. Verkrampfen Sie sich nicht, alle Glieder sind locker. Schließen Sie die Augen, und atmen Sie nun tief ein und aus.

Stellen Sie sich vor, wie aus Ihren Füßen Wurzeln wachsen, die alle Hindernisse überwinden und tief ins Erdreich treiben. Fühlen Sie diese Verwurzelung mit der Erde.

Die Wurzeln der Bäume transportieren die Nahrung aus der Erde, Wasser und Mineralien. Ihre Wurzeln ziehen ebenfalls die Kraft aus der Erde. Lassen Sie diese Erdkraft durch die Füße in Ihren Körper aufsteigen. Ihre Arme werden zu Ästen, lassen Sie sie nach

Sie stehen korrekt, wenn Sie ohne zu schwanken aus der links beschriebenen Stellung in den einbeinigen Stand wechseln können.

oben wachsen und die Krone des Baumes bilden. Fühlen Sie, wie der Wind in den Zweigen spielt und die Sonne die Blätter nährt. Die Kraft der Erde durchpulst Sie bis in die Fingerspitzen. Wenn dunkle Wolken und Schatten in Ihnen sind, Frustration, Trauer, Ärger, Schmerz oder Stress, dann lassen Sie diese Gefühle durch die gleichen Wurzeln hinabfließen in die Erde. Stehen Sie eine Weile wie ein starker Baum, der tief verbunden mit dem Erdreich ist, und spüren Sie, wie Ruhe, Geduld und Kraft Sie durchströmen. Lassen Sie langsam die Arme sinken, ziehen Sie die Wurzel zurück, und öffnen Sie die Augen. Eine stille Danksagung an die Erde sollte sich anschließen.

Kultstätten und Orte der Kraft

Stonehenge entstand etwa zur gleichen Zeit, als die Ägypter ihre Pyramiden bauten.

Wo die Energie der Erde von besonderer Intensität oder Qualität ist oder wo kosmische Energie gebündelt auf die Erde trifft, finden sich geomantische Phänomene. Diese Orte der Kraft haben die Menschen auf die eine oder andere Weise angezogen, und sie wurden als heilige Stätten verehrt.

Auf der anderen Seite haben aber auch Menschen selbst Heiligtümer geschaffen, indem sie sich immer wieder an der gleichen Stelle zu Feiern, Anrufungen, Opfer- und Weihehandlungen getroffen haben. Damit wurden über die Zeit hinweg Spuren im Netz des Lebens hinterlassen, die diese Orte auch heute noch zu Kultstätten machen.

Steinsetzungen

Folgt man der Theorie, dass Menhire und Steinsetzungen Akupunkturpunkte der Erde kennzeichnen, dann sind vor allem die großen Megalithbauten der Steinzeit Orte der Kraft. Die bekanntesten sind sicher Stonehenge und Avebury in Großbritannien. Es sind steinerne Mandalas in der Landschaft. Stonehenge ist ein Kreis aus 30 gut vier Meter hohen Steinsäulen und steht in Salisbury. Er wurde vor etwa 5000 Jahren geschaffen. Seine Funktion ist nicht endgültig geklärt, eine wesentliche Aufgabe lag aber sicher in der Himmelsbeobachtung und Kalenderbestimmung. Doch wenn man bedenkt, welche gewaltige Arbeit über Generationen hin notwendig war, um die

riesenhaften Steinblöcke zu hauen, zu transportieren und anschließend aufzurichten, dann fällt es schwer, nur einen »steinernen Computer« in dem Bauwerk zu sehen. Es hat sich übrigens gezeigt, dass es auf einer Kreuzung von Ley-Linien liegt.
Avebury ist ein 4000 Jahre alter Steinkreis, der aus ursprünglich etwa 100 Menhiren bestand und auf einer unterirdischen Wasserader steht.
In Carnac in der Bretagne stehen noch 3000 von fast 10 000 Menhiren; nicht in Kreisen, sondern in Reihen wurden sie aufgestellt. Auch dieses Rätsel konnte bisher nicht gelöst werden. Einzelne Menhire stehen verstreut über ganz Europa, wenngleich sie in der Bretagne und in England besonders dicht zu finden sind. Das mag aber daran liegen, dass sie dort – aus welchen Gründen auch immer – nicht umgeworfen, zerstört oder weggeschafft wurden. In Deutschland gibt es z. B. Menhire in Buttelstedt, Langeneichstädt, Dölau, Benzingerode, einen sieben Meter hohen Stein bei Blieskastel und weitere Steine bei Eiselthum, Freisheim, Mittelbrunn, Otterberg, Stahlberg, Maden, Langenstein, Guntershausen, Kelsterbach, Ober-Mörlen, Butzbach und Wolfershausen. Steinkreise fand man in Boitin, Rote Maaß bei Damp und Kummerhy.

Kirchen

Unzählige Kirchen sind auf alten Weihestätten früherer Völker errichtet worden, und es ist auffällig, dass sie sich häufig auf Kreuzungspunkten unterirdischer Wasseradern oder blinden Quellen finden. Die Kathedrale von Chartres, die auch viele andere Geheimnisse der mittelalterlichen Baukunst birgt, steht auf einem alten druidischen Heiligtum, und eine Wasserader umkreist den Altarraum. Es gab dort einen Heiligen Hain und eine Quelle, die der »Brunnen der Starken« genannt wurde. Der Dom von Paderborn soll auf 80 Quellen stehen, und der Kölner Dom wurde auf einer Sammlung vorchristlicher Kultstätten errichtet. Keltische Muttergöttinnen wurden vor den römischen Gottheiten verehrt, und zuletzt war der Platz mitsamt dem Brunnen dem Mithras geweiht.
Kirchen auf oder an Quellen sind erstaunlich oft der Maria geweiht, der einzigen akzeptierten weiblichen Gottheit des Christentums. Die Gottesmutter hat die Rolle der Schutzherrin der Quelle übernommen, und nun heißen die Kirchen Mariaborn,

Dort, wo das Wasser an die Oberfläche dringt, gibt es heute noch bekannte christliche Kultstätten, so etwa in Lourdes oder die Wallfahrtskirche von Altötting, deren heilende Quellen von intensiver Strahlung sind.

Mariabrunn, Mariaspring usw.
Aber nicht nur die bekannten Bauwerke sind auf geomantisch interessanten Stellen gebaut, auch eine einfache, alte Dorfkirche kann dieses Phänomen aufweisen. Wann immer Sie eine Kirche betreten, sollten Sie die Stimmgabel-Übung machen und sich auf die spezielle Schwingung im Raum einstellen.

Höhlen sind geheimnisvolle Eingänge ins Erdreich. Auch bieten sie Schutz und Geborgenheit.

Ein Kultplatz entsteht

Es geschah vor vielen, langen Jahren. Eines Morgens erwacht eine junge Frau aus einem lebhaften Traum. Noch ganz gefangen von den wirklichkeitsgetreuen Bildern einer geheimnisvollen Höhle, in der sie Schutz und Geborgenheit gefunden hat, macht sie sich auf den Weg, ihre Ziegen zu hüten. Normalerweise geht sie immer dieselben Pfade, doch an diesem Tag verirrt sich ein Zicklein, und sie muss einen unbekannten Weg einschlagen. Drohend ballen sich die Wolken am Himmel zusammen, und ein gewaltiges Gewitter überrascht die Ziegenhirtin. Sie sucht verzweifelt Unterschlupf, denn Donner, Blitz und Wolkenbruch machen ihr Angst. Und als sie sich verzweifelt umschaut, entdeckt sie einen Spalt zwischen den Felsen. Genau wie im Traum sieht es aus, und dankbar verkriecht sie sich in der Schutz bietenden Höhle. Zitternd übersteht sie das Gewitter, und als die Sonne endlich durch die Wolken bricht, legt sie mit ein paar Worten aufrichtigen Dankes dem Geist des Ortes ein paar Blumen vor die Höhle.
Sie erzählt ihrer Familie von dem Traum und der Entdeckung der Höhle. Die Angehörigen lauschen mit heiligem Schauder und bringen kurz darauf ebenfalls an der Höhle ein kleines Dankopfer. Die Nachbarn sehen das und legen auch Gaben nieder. Eine vorbeiziehende Gruppe Fremder sieht die Blumenkränze an dem Höhleneingang. Wieder wird dem Heiligtum ein Opfer hinterlassen. Die Gaben mehren sich, und bald darauf steht ein kleiner Altar in der Höhle, und die Berichte erster Wunder verbreiten sich in der Umgebung.
Der Weise, der die Mythen des Volkes kennt, nennt den Namen der

göttlichen Kraft, die dort wirkt, und bereitet die entsprechenden Riten vor.
So ähnlich mögen Kultplätze entstanden sein. Wenn man sehr profan denkt, dann ist der Anlass ein lächerlicher. Eine Frau träumt von einer Höhle und findet eine solche, als sie einen Unterschlupf braucht. Ein seltsamer Zufall, mehr nicht.
Zufälle sind aber nicht nur unsinnige Launen des Schicksals, Zufälle haben einen tieferen Sinn. Sie stellen Zusammenhänge von Ereignissen her, die nicht logisch miteinander verknüpft sind. Rationalen Deutungen entziehen sie sich, aber intuitiv hat der Weise wahrscheinlich Recht, wenn er sagt, dass die Göttin der Höhle oder der Geist des Ortes, letztlich eine »natürliche« Kraft, die junge Frau geleitet hat.

Kultplätze finden

Alte Kultplätze gibt es auch in Ihrer Umgebung. Es müssen nicht immer gleich die Pyramiden oder griechische Tempel sein. Eine Quelle, ein Dolmen, eine Höhle, eine Bergkuppe, ein uralter Baum sind oft Plätze, die in früheren Zeiten den Göttern geweiht waren. Manche sind archäologisch interessant, dort wurden bei Ausgrabungen oft Weihe- oder Opfergaben gefunden, manchmal gibt es Höhlenmalereien oder Zeichnungen, Gravierungen oder Ritzungen in Steinen. Andere Stätten lassen sich nur durch ihren Namen finden. Um ein tieferes Verständnis für die Atmosphäre eines Ortes zu erhalten, ist es sinnvoll, sich mit alten Kultstätten zu beschäftigen. Werden Sie aufgeschlossen für die Stimmung, die dort herrscht, versuchen Sie die Geschichte zu erspüren, die mit dieser Stätte verbunden ist, denn Rituale, Bitten und Gebete haben ihre Spuren in der Schwingungsebene dort hinterlassen.

Verschiedene Hinweise auf Kultplätze

Ein bisschen Detektivarbeit muss sein, denn die alten Kultplätze liegen heute nicht mehr offen zutage. Viele von ihnen wurden im Zuge der Christianisierung dem Erdboden gleichgemacht, andere wurden zu gefährlichen Plätzen erklärt, um die Menschen davon abzuhalten, ihren alten, vertrauten Göttern zu huldigen. Eine Quelle archäologischer Hinweise sind Heimatmuseen. Stöbern Sie einmal in einem Museum mit dem Ziel, Informationen über die heidnische

Wenn es einen Heimatverein in Ihrem Ort gibt, werden Sie zu alten, bedeutenden Stätten und Traditionen sicher auch Unterlagen finden.

Weihestätten zu finden. Eine andere Möglichkeit besteht darin, das örtliche Brauchtum auf derartige Wurzeln zu untersuchen. Meist sind es lokale Feste oder Gewohnheiten, die, wenn man sie ihrer oberflächlichen Aktivitäten entkleidet, irgendwo einen uralten Kern haben, der auf eine Kulthandlung zurückgeht. Das Besteigen eines Berges, Wasserholen an einer bestimmten Quelle, Prozessionen oder Tänze können Hinweise auf kultische Traditionen geben.

Eine andere Möglichkeit ist es, sich mit einer Landkarte intensiv auf die Suche zu begeben. Besonders ergiebig sind hier Wanderkarten, die auch die Namen kleinerer Flurstücke ausweisen und vor allem Höhlen, Dolmen, Naturdenkmäler bis hin zu besonderen Bäumen aufführen. So fand ich bei einem kurzen Blick auf eine Karte meines Wohnortes eine Wundertanne, eine Hexenhucke, die Adlereiche, die Starke Fichte, ein Römerlager, den Heiligen Sumpf, den Ringwall Venne und ein Hügelgrab.

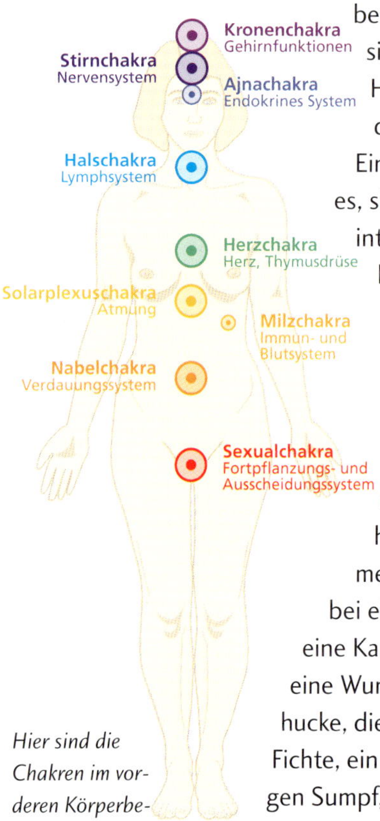

Hier sind die Chakren im vorderen Körperbereich illustriert.

Bedeutung der Namen

Kultstätten, die alten Göttern geweiht waren, kann man oft noch am Namen erkennen. Dazu muss man sich allerdings ein wenig mit der Mythologie unserer Vorfahren auseinander setzen. So sind Ortsnamen, die die Silbe Bel- oder Bal- enthalten, dem keltischen Belenos gewidmet, der auch dem Feuerfest Beltane, am 1. Mai, den Namen gab. Donar- und Donner- entsprechen dem germanischen Donar/Thor, Oden-/Aden- dem germanischen Göttervater Odin, Laon-/Lyon-/Leiden- dem keltischen Lug usw. Ortsbezeichnungen mit Nemt-/Nemet- verweisen auf ein keltisches Heiligtum (Nemeton), Geis-/Ges-/Gois-/Gels- auf einen keltischen Tabubezirk (Gessa = Fluch, Bann). Wenn Sie über diese Namen Ihre Forschungen anstellen wollen, machen Sie sich ein wenig mit der keltischen und germanischen, am besten auch mit der römischen Mythologie vertraut. Es ist nur ein Randgebiet der Geomantie, aber es verhilft zu manchen erstaunlichen Einsichten.

Landschaftstempel

Peter Dawkins, der die »Tempelwissenschaft« Zoence ins Leben gerufen hat, geht bei der Betrachtung der heiligen Stätten der Erde noch einen Schritt weiter. Er sagt, dass die Energieströme in der Landschaft nicht nur fließen, sondern durch ein Chakra-System bestimmte Qualitäten erhalten. Orte, deren Energieflüsse heil und energetisch harmonisiert sind, weisen ein vollständiges System von Kraftpunkten auf, und zusammen bilden sie den so genannten Landschaftstempel.

Chakra	Bedeutung	Farbe	Laut
Wurzelchakra (siehe S. 56)	**zwischen Steißbein und Genitalbereich – Basiszentrum, Verbindung mit der Materie, lebenserhaltende und elementare Energien. Im Wurzelchakra ruht die Schlange Kundalini, die bei ihrer Erweckung aufsteigt und dabei alle Chakren aktiviert.**	**Rot**	**U**
Sexual- und Nabelchakra	**zwischen Nabel und Genitalbereich – Zentrum der Lebensfreude, Beziehungen zu anderen Lebewesen, sinnlicher Genuss, Bewegung, Berührung**	**Orange**	**O**
Solarplexuschakra	**Sonnengeflecht – Kraftzentrum, Individualität, Ideale, Selbstbewusstsein, Stärke, Willenskraft, Macht**	**Goldgelb**	**A**
Herzchakra	**Gefühlszentrum, Harmonie, Frieden, umfassende Liebe, Selbstlosigkeit**	**Grün / Rosa**	**A**
Kehlkopf- oder Halschakra	**Kommunikationszentrum, Ausdrucksfähigkeit, Ausstrahlung, Kreativität, Schnittstelle zur Außenwelt**	**Blau**	**E**
Stirnchakra	**das dritte Auge; Inspirationszentrum, Weisheit, Intuition, Entfaltung höheren Bewusstseins, Glaube, Vertrauen, Wahrnehmung, Konzentration**	**Indigo**	**I**
Scheitel- oder Kronenchakra	**Verbindungszentrum zu den höchsten kosmischen Energien, Bewusstseinserweiterung, Verschmelzung mit dem Kosmos, Erleuchtung, Berührungspunkt mit der Seele**	**Violett / Weiß**	**OM**

Hier sind die Chakren im hinteren Körperbereich illustriert.

Das Chakra-System des Menschen

Die Lehre über das Chakra-System hat seine Ursprünge im Yoga und geht davon aus, dass der Mensch, um leben zu können, kosmische Energien aufnehmen muss. Beim Menschen besteht dieses System aus sieben Zentren entlang der Wirbelsäule, von denen die Energie aufgenommen und verteilt wird. Analog verhält es sich bei der Erde. Hier eine kurze Auflistung der Chakren und ihrer Qualitäten.

Das Chakra-System der Landschaft

Um die Chakren der Landschaft zu erkennen, sollten Sie zunächst mit den normalen Sinnen und der Intuition den Fluss der Energie zwischen den beiden Polen des Wurzel- und des Scheitelchakras erspüren. Anhaltspunkte können der Verlauf eines Flusses oder eines Weges, ein lang gestrecktes Tal oder eine Lichtung sein. Als Nächstes sollten Sie versuchen herauszufinden, wo sich das Herzchakra des Landschaftstempels befindet. Es befindet sich dort, wo Sie den tiefsten Eindruck von Frieden und Harmonie empfinden. Landschaftstempel zu finden setzt jedoch schon eine gewisse Übung im Erspüren von Kraftflüssen voraus, und wenn es Ihnen nicht auf Anhieb gelingt, versuchen Sie es erst einmal an den von Menschen angelegten heiligen Orten, an denen frühere Baumeister die Qualitäten der Chakren mit einbezogen haben.

Das Chakra-System der Sakralbauten

Die vorreformatorischen Kirchen und Kathedralen wie auch die Moscheen des Islam sind laut Dawkins nach dem Chakra-System entworfen und in die Landschaft eingegliedert worden. Dabei gleicht der Grundriss einer Kathedrale z. B. einem auf dem Boden liegenden Menschen. Der Kopf entspricht dem Chorraum, die Vierung, wo sich Längs- und Querschiff kreuzen, der Brust und das Schiff dem Bauch. Im Allerheiligsten und dem Hochaltar liegt das Scheitelchakra, im Presbyterium das Stirnchakra, und der Chorherrenraum beinhaltet das Halschakra. Im Mittelpunkt der Vierung, meist unter der Kuppel, liegt das Herzchakra. Die drei unteren Chakren liegen im Längsschiff des sakralen Gebäudes, wobei sich der Taufbrunnen oft unmittelbar an der Stelle des Wurzelchakras befindet. Betreten Sie eine Kirche oder Kathedrale einmal vom Eingangsportal im Westen unter dem energetischen Gesichtspunkt, und stimmen Sie sich auf die Schwingungen dort ein. Fühlen Sie, wie die Lebensenergie Sie voranzieht.

Im ersten Teil dieses Buches haben Sie Verfahren und Methoden kennen gelernt, wie man die Zeichen der Erde deuten und erkennen kann. Erkenntnis ist aber nur der erste Schritt, Handeln der zweite. Doch sollen Sie hier keinen Pflichtenkatalog an die Hand bekommen, der zu ökologisch richtigem Verhalten führt, sondern lediglich nützliche Hinweise und Ratschläge, Möglichkeiten und Anregungen, die sich aus einem veränderten Bewusstsein der Natur, der Erde und dem Leben gegenüber ergeben.

Sakrale Bauten wurden meist so gebaut, dass die Längsachse von Osten nach Westen verläuft und der Altar darin im Osten stand.

Rituelle Pilgerfahrten an heilige Orte können helfen, materiellen Ballast abzuwerfen und die eigenen Wünsche und Ziele klarer zu sehen.

Reisen *durch* Raum und Zeit

Was bedeutet für Sie Urlaub? Abenteuer? Fremde Länder? Entspannung? Flirt und Feiern? Braten in der Sonne, durchtanzte Nächte, organisierte Besichtigungstouren zu den »heiligen Stätten der Eingeborenen«? Sind Ihnen ein dickes Fotoalbum und Filme wichtig? Oder verbinden Sie mit einer Reise auch ein tieferes, ein inneres Erleben? Eine Reise ist nicht zuletzt auch eine symbolische Handlung, ein Aufbruch zu einem fernen, unbekannten Ziel, von dem man sich Heilung, Antwort auf Fragen oder Erkenntnis über die eigene Bestimmung erhofft. Machen Sie sich doch einmal auf den Weg zu einem Ort der Kraft, zu einer heiligen Stätte.

Begegnung mit heiligen Plätzen

Kultplatztourismus ist mit diesem Rat nicht gemeint. Es gibt eine Reihe wirklich interessanter Plätze, und Stonehenge, Glastonbury oder die Externsteine sind inzwischen touristisch erschlossene Ziele, die von vielen Esoterikreisenden angesteuert werden.
Orte der Kraft sind keine Sehenswürdigkeiten, wo man Picknick macht, Müll hinterlässt, irgendwo seine Initialen einritzt und schließlich ein Gruppenbild mit Hügelgrab macht. Oder wo man gar auf eigene Faust Ausgrabungen vornimmt.
Begegnen Sie den heiligen Stätten auf andere, respektvollere Art – pilgern Sie dorthin.

Pilgerreise

»Peregrinus« (lat.), der Fremde, der Wanderer, wurde im Althochdeutschen zu »piligrim«, dem Wanderer, dem Wallfahrer, der aus Motiven des Glaubens eine Reise zu einem heiligen Ort unternimmt. Wer sich auf eine Pilgerreise begibt, hat nicht nur ein materielles Ziel vor Augen, sondern verbindet etwas ganz Bestimmtes mit dem Ort, zu dem er wandert. Wer sich auf diesen Weg macht, muss sich aus der bekannten Umwelt, der Geborgenheit lösen, sich vielleicht sogar von Menschen trennen, muss in die Fremde gehen. Die Pilgerreise ist eine Reise auf zwei Ebenen, der äußeren, materiellen und der inneren, seelischen. Eine Wallfahrt verändert den Menschen, und das ist ein gleich großes, wenn nicht größeres Abenteuer, als es jede »Erlebnistour« vermitteln kann. Urlaub heißt in diesem Fall nämlich auch Kraft schöpfen!

Ob Sie Ihre Pilgerreise alleine oder in Gesellschaft unternehmen, bleibt Ihnen überlassen, doch sollten Ihre Begleiter Ihre Absicht kennen und respektieren.

Ob allein oder in einer Gruppe, eine Pilgerschaft ist mehr als eine touristische Reise: Sie ist immer mit einer ganz bestimmten Erwartung verbunden.

Reisevorbereitungen

Wenn Sie sich auf eine Pilgerfahrt begeben möchten, um herauszufinden, welche Wandlung mit Ihnen geschieht, dann konzentrieren Sie sich zunächst auf ein Ziel. Es wird ein Ort sein, der Sie fasziniert, der Sie anzieht, der Sie nicht mehr loslässt. Es ist gleichgültig, ob das die kleine Quelle im nahen Wald ist oder ein Tempel im Himalaja, eine Marienkapelle an der nächsten Straßenkreuzung oder ein Wasserfall im Urwald. Machen Sie sich als Nächstes kundig über den Ort, seine Geschichte, seine geografische Lage, Klima und Vegetation und die Wege dorthin. Das ist die normale Reisevorbereitung. Dann versuchen Sie herauszufinden, welches innere Ziel Sie mit diesem Platz verbinden. Den Wunsch nach Heilung vielleicht, Ehrfurcht vor den dort verehrten Göttern, Begegnung mit den Kräften der Erde, Frieden und Trost – es gibt unzählige Erwartungen, die es als Antrieb für eine Pilgerschaft gibt.

Es ist nicht ganz ausgeschlossen, dass Sie die Reise mit rituellen Auflagen verbinden. Rituale sind symbolische Handlungen und wirken auf die Kräfte des Unbewussten ein. Sie verstärken die Wichtigkeit des Anliegens, festigen den Willen und helfen dem Geist, sich zu öffnen. Es gibt klassische Beispiele für rituelle Auflagen. Mal gehört das Tragen einer bestimmten Kleidung dazu, manchmal der Verzicht auf Schuhwerk oder bestimmte Nahrungsmittel. Auch die Art des Gehens kann rituell bestimmt sein, bis hin zum Rutschen auf den Knien.

Ob und welches Ritual Sie wählen, bleibt Ihnen überlassen, es muss nur einem inneren Bedürfnis entspringen und die Achtung vor dem Ort ausdrücken, den Sie besuchen.

Wege und Ziel

Bekannte Pilgerzentren wurden schon von Abertausenden besucht, und die Wege dorthin sind durch die Wanderer energetisch aufgeladen. Auch sie haben Spuren im Gewebe des Lebens hinterlassen, die Sie erspüren können, wenn Sie sich sensibel und aufmerksam auf die Reise machen. Wahrnehmen können Sie aber derartige Spuren nur, wenn Sie gehen! Sicher, wenn Ihr Ziel im südamerikanischen Urwald liegt, werden Sie einen Teil der Reise mit modernen Verkehrsmitteln vornehmen, aber spätestens, wenn Sie so nahe an dem gewählten Ort sind, dass Sie ihn gegebenenfalls zu Fuß erreichen können, müssen Sie wandern. Das Gehen ist eine dem Menschen sehr entgegenkommende Bewegungsart, sie stärkt die Muskulatur und den Kreislauf, bringt Sauerstoff in die Lungen und beruhigt die Nerven. Je länger Sie gehen, desto besser können Sie sich auf das einstellen, was Sie erwartet und was Sie erwarten.

Wenn Ihr Ziel in Sicht ist, verweilen Sie einen Moment, und nehmen Sie inneren Kontakt mit dem Ort auf. Was immer Sie dann tun, muss wieder Ihrem Bedürfnis entspringen. Vielleicht möchten Sie meditieren oder tanzen, ein Opfer bringen oder einfach nur ausruhen und die Atmosphäre genießen.

Zeitreise

Nein, nicht mit der Zeitmaschine in die Vergangenheit oder Zukunft reisen, das ist damit nicht gemeint, sondern die Bewusstwerdung der Gezeiten der Erde. Ein Jahr braucht die Erde, um ihren Kreistanz um die Sonne zu vollziehen. Dabei dreht sie sich täglich einmal um ihre eigene Achse. Ihr Tanzpartner ist der Mond, der sie begleitet und dabei alle 28 Tage einmal umkreist. Andere Mittänzer sind die Planeten und ihre Trabanten, und die Sonne ist der Mittelpunkt dieses kosmischen Mandalas.

Uns, die wir noch nicht in den Genuss kommen, das Planetensystem von einem außerirdischen Standort zu betrachten, kommt es allerdings so vor, als ob Sonne, Mond und Sterne sich um die Erde herum bewegen. Lange Zeit waren wir Menschen davon auch felsenfest überzeugt.

Jahreskreis

Als Religion, Kultur, Philosophie und praktische Naturerkenntnis für die Menschen noch eins waren, richteten sie ihre materiellen und geistigen

Auf einer Pilgerreise werden Ihnen immer wieder seltsame Zufälle begegnen. Seien Sie offen für solche Ereignisse, und vertrauen Sie darauf, dass Sie richtig geführt werden.

Geomantie bedeutet auch, dass man sich der Gezeiten und Jahreszeiten der Erde neu bewusst wird und im Einklang mit ihnen lebt.

Arbeiten und Entwicklungen am Stand der Sonne und des Mondes aus. Beinahe alle Kulturen kennen die vier wesentlichen Sonnenstände, die das Jahr einteilen. Neben dem Nutzen als kosmischer Kalender für Aussaat und Ernte, Vorratsbeschaffung und Ruhephase wurden die Tage der Sonnenwenden und Tagundnachtgleichen auch den Göttern geweiht und entsprechend festlich begangen.
Wir haben uns vom Lauf der Sonne entfremdet: Künstliche Beleuchtung macht im Winter die Nacht hell, Klimaanlagen mildern die Hitze des Sommers, und den trüben Herbst- oder Wintertagen entfliehen wir in warme Länder.
Die Zeichen der Erde aber sind geblieben, die großen Rhythmen haben sich nicht geändert.
Betrachten Sie ein Jahr einmal als Rundreise. Auf einer solchen Tour hetzt man nicht nur von einem Ereignis zum nächsten, sondern es gibt Haltepunkte, an denen man Vergangenes überprüft und Zukünftiges plant. Vor allem sollte man aber die Gegenwart des Haltepunktes würdigen und die damit verbundenen Eindrücke in sich aufnehmen. Nicht nur die langen Sommertage haben dann ihren Reiz, auch ein regnerischer Tag im Vorfrühling, ein nebelverhangener Herbsttag oder ein stürmischer kalter Winterabend können eine ganz neue Stimmung entwickeln.
Aus dem keltisch-germanischen Kulturkreis kennen wir insgesamt acht Stationen im Jahreskreis, die Sie wieder entdecken können, um Ihr Gefühl für die Gezeiten der Erde zu intensivieren. Sie können die Reise durch den Jahreskreis an jedem Tag beginnen, aber denken Sie daran, dass alles auch eine tiefere Bedeutung hat.
Darum mag der Beginn eben an einer der genannten Stationen sein oder an einem für Sie bedeutsamen Tag.
Was Sie an diesen Tagen machen, bestimmen Sie selbst, aber halten Sie das tägliche Allerlei von diesen Zeiten fern, und unterbrechen Sie zumindest für eine Weile den Alltagstrott.

Erfinden Sie Ihre Rituale selbst

Kleine oder große Rituale, allein oder mit Freunden, festigen die Verbindung zur Erde, zu den Jahreszeiten und den Zyklen der Natur. Begehen Sie sie, wann immer es sich anbietet, im Freien. Nutzen Sie diese Tage, um der Erde etwas zurückzugeben, indem Sie die symbolischen Erdheilungszeremonien durchführen. Sie werden merken, wenn Zufälle geschehen oder Sie Botschaften in Ihren Träumen erhalten, dass es kein sinnloses Geschenk war. Achten Sie darauf, besonders natürlich an den acht herausragenden Tagen des Jahreskreises. Betreiben Sie, genau wie bei dem Auffinden der alten Kultplätze, auch bei den Festen ein wenig Detektivarbeit. Gibt es lokales Brauchtum, das in Verbindung mit diesen Tagen steht? Kennen Sie Geschichten, Märchen, Sagen, in denen diese Tage eine ganz besondere Rolle spielen? Gibt es in Ihrer Familie, im Freundeskreis besondere Ereignisse, die zu diesen Zeitpunkten stattgefunden haben?

Sie waren sehr lange Zeit heilige Tage, einen Nachhall davon finden wir auch noch in unserer Zeit. Selbst wenn Sie an den religiösen Hintergründen nicht sonderlich interessiert sind, so ist es doch »psychologisch und körperlich immens hilfreich und verjüngend, alle sechs Wochen ein kleines Fest zu feiern, das eine Bedeutung und einen Zweck hat«. (Dawkins)

Verbinden Sie den Beginn Ihrer Reise durch das Jahr mit einem kleinen persönlichen Ritual.

Im Frühjahr wird mit dem Osterfeuer die Sonne begrüßt. Es ist ein alter Brauch für Fruchtbarkeit, Wachstum und Ernte.

Datum	Festtage	Bedeutung
1./2. Februar	Lichtmess, Imbolc (keltisch)	Das Imbolc-Fest ist der keltischen Brigid gewidmet. Kerzenrituale oder rituelle Reinigungen sowohl der Wohnung als auch der eigenen Person sind ideal. Es ist aber auch das Fest des fröhlichen Winteraustreibens mit Späßen, Lachen, Lärm und Krach.
21. März	Frühlings-Äquinox, frühestmöglicher Ostertermin	Ein Fest der Aussaat, der Fruchtbarkeit. Legen Sie ein Adonisgärtchen an, eine Schale mit Erde, in die Sie schnell wachsende Kräuter oder Blumen aussäen. Geben Sie diese Pflanzen am 21. März der Natur zurück, entweder im Garten, in einen Fluss oder auf einer Wiese.
30. April / 1. Mai	Walpurgisnacht, Maitag, Beltane (keltisch)	Flirt und Liebe sind angesagt; Tanz um den Maibaum und Wanderungen in der Natur. Besuchen Sie einen Ort der Kraft in Ihrer Nähe. Schmücken Sie Ihr Haus mit grünen Zweigen, aber rupfen Sie keine ganzen Bäume dafür aus.
21. Juni	Sommersonnenwende, Mittsommer	Was liegt näher, als ein Mittsommerfest zu feiern, den längsten Tag des Jahres im Freien zu verbringen und mit Freunden zusammen an einem heiligen Platz zu tanzen? (siehe Erdheilung S. 44f.)

Datum	Festtage	Bedeutung
1. August	Schnitterfest, Lamas / Lugnasad (keltisch)	Die ersten Früchte werden reif. Es ist die Zeit, um Beziehungen zu festigen, über die Früchte der eigenen Arbeit oder Entwicklung nachzudenken und der Erdmutter zu danken. Sollte es Ihre Urlaubszeit sein, machen Sie eine Pilgerreise.
23. September	Herbst-Äquinox, Erntedank	Erntezeit, Zeit der Vorratsschaffung, der Planung für die kommenden kalten, dunklen Tage. Ganz bestimmt aber ein Tag, um für die Früchte des Jahres zu danken. Wieder hat die Erde aus vollen Händen geschenkt: Getreide, Obst, Gemüse. Sammeln Sie Beeren oder Pilze!
31. Oktober / 1. November	Halloween, Allerheiligen, Samhain (keltisch)	Ein Tag, an Vergangenes zu denken, kritisch mit sich selbst zu sein. Aber auch die rechte Zeit, sich an die eigenen Vorfahren zu erinnern. Machen Sie ein Familienfest, bei dem Sie mit alten Fotos und Geschichten der Verstorbenen gedenken.
21. Dezember	Wintersonnenwende, Weihnachten, Jul	Der kürzeste, dunkelste Tag des Jahres birgt gleichzeitig auch Hoffnung auf kommende hellere Tage. Es war schon immer ein Lichterfest, mal besinnlich, mal ausgelassen. Machen Sie Pläne für das nächste Jahr, und wenn Sie wollen, ziehen Sie dabei ein Orakel zurate.

Häuser und Wohnungen bestehen nicht nur aus Mauern, sondern sind von individueller Energie erfüllt, die wir positiv nutzen können.

Den eigenen Raum gestalten

Pilgerfahrten und die Wanderung durch das Jahr sind Reisen an die Außengrenzen des Lebens, aber wir können auch nach innen gehen, zum Mittelpunkt des Seins, zum Zentrum. Ein Mittelpunkt unseres Lebens ist unser Zuhause, Haus, Heim, unsere Wohnung. Dorthin kehren wir nach den Reisen in die äußere Welt zurück, finden Schutz, Geborgenheit, Vertrautes und Eigenes. Hier vor allem sollte Verbundenheit mit der Erde, ihren Strömungen und Gezeiten herrschen. Die Chinesen haben dieses erdverbundene Wohnen zu einer hohen Wissenschaft erklärt, dem Feng Shui, der chinesischen Form der Geomantie. An dieser Stelle soll darauf nicht weiter eingegangen werden, denn es gibt Ansätze, mit denen Sie ohne tiefere Kenntnisse dieser Wissenschaft Ihr Heim zu einem Ort der Kraft gestalten können.

Wir sind, wie wir wohnen

Menschen bauen und bewohnen Häuser, entwerfen sie, gestalten sie, lassen sie verkommen oder pflegen sie. Häuser sind keine leblosen Mauern, sondern sind erfüllt von dem Geist, der in ihnen wohnt. Solange der Platz auf dieser Erde noch unermesslich schien, konnten Behausungen in die Landschaft integriert werden, konnten unterirdische Strömungen und Kraftlinien eingebunden und Materialien verwendet werden, die Symbolkraft mit Ästhetik und Nützlichkeit verbanden.

Wir können uns nur noch in den seltensten Fällen einen Bauplatz nach geomantischen Gesichtspunkten aussuchen, in den Städten gibt es allenfalls noch Lückenbebauung. Freie Flächen werden nach verkehrstechnischen Gesichtspunkten aufgeteilt und nicht nach dem günstigsten Verlauf der Chi-Kräfte.

Trauern wir nicht darüber, jeder von uns nutzt die vorhandene Infrastruktur, die Versorgung mit Wasser, Strom und Gas, die Anbindung an Bahnhöfe oder Autobahnen. Die Vergangenheit können wir nicht zurückholen, aber die Zukunft können wir gestalten. Damit fängt man am besten in den eigenen vier Wänden an.

Schauen Sie sich in Ihrer Wohnung, in Ihrem Haus um. Selbst ohne detailliertes Wissen um Kraftflüsse und Raumenergien gibt es Stellen, die Sie häufig aufsuchen, und solche, die Sie meiden. Machen Sie einmal eine kleine Bestandsaufnahme.

Unsere Häuser, Wohnungen und Gärten spiegeln wider, wie wir zum Leben, zur Umwelt und zur Erde stehen.

Raumbegehung – die Bedeutung der Wohnräume

Nehmen Sie den Plan Ihrer Wohnung oder Ihres Hauses oder, sofern er Ihnen nicht vorliegt, zeichnen Sie einen solchen. Er muss nicht maßstabsgetreu sein, aber in etwa der Aufteilung der Räume entsprechen und Tür- und Fensteröffnungen enthalten. Nehmen Sie den Grundriss, am besten auf einem Klemmbrett befestigt, und einige bunte Stifte. Wandern Sie nun langsam und mit offenen Sinnen durch die Räume Ihres Heimes. Markieren Sie die folgenden Bereiche mit unterschiedlichen farbigen Schraffuren:

- Lieblingsplätze, die mit Freude, Lust, Lachen und Heiterkeit verbunden sind.
- Rückzugszonen und Schmollecken, wo Sie Ruhe, Trost und Entspannung finden.
- Bereiche, die Sie als unangenehm empfinden und oft meiden.
- Geselligkeitsbereiche – dort, wo die meisten Gespräche stattfinden, wo sich auch wie von selbst die Gäste hinbegeben.
- Ecken, die mit Streit, Schmerzen oder Angst verbunden sind.
- Der Platz, mit dem Sie andere beeindrucken möchten, der Ihrer Meinung nach am besten repräsentiert, was Sie sein möchten.

Sehr aufschlussreich kann es sein, wenn Sie diese Übung unabhängig von Ihren Mitbewohnern ebenfalls durchführen lassen und anschließend mit Ihren Zeichnungen vergleichen. Insbesondere Kinder haben ein feines Gefühl für die Stimmungen und benennen sie oft auch ganz unvoreingenommen. Vergessen Sie auch nicht, die Lieblingsplätze Ihrer Haustiere einzuzeichnen oder diejenigen, die sie meiden. Auch das ist sehr aufschlussreich!

Aus der Bewertung der Räume können Sie schon eine Menge ableiten und vielleicht durch sehr einfache Maßnahmen das Wohngefühl verbessern. Das mag das Verschieben des Teppichs sein, über dessen Kante jemand ständig stolpert, das Abnehmen eines Bildes, das unangenehme Erinnerungen weckt, das Aufstellen einer Zimmerpflanze vor einer kahlen Ecke und vieles andere mehr.

Wenn es aus der oben genannten Aufzählung bei Ihnen Bereiche gibt, die nicht vertreten sind, sollten Sie über diese besonders gut nachdenken. Allerdings dürfen Sie sich auch besonders freuen, wenn negative Ecken nicht existieren. Oder haben

»Es ist wichtig, sich des Raumes, in dem man lebt, wirklich bewusst zu werden. Dann fällt das Einrichten und Ordnung halten sehr viel leichter.«

Sie diese Gefühle vielleicht einfach nur unterdrückt und sich selbst nicht eingestehen wollen?
Die Auseinandersetzung mit dem Heim verlangt absolute Ehrlichkeit, denn sie ist auf einer viel tieferen Ebene auch eine Auseinandersetzung mit der eigenen Person.

Den eigenen Kraftort im Heim schaffen

Die gerade angeführte Übung kann zwar in jedem Raum und zu jedem Zeitpunkt durchgeführt werden, besonders sinnvoll ist sie jedoch, wenn Sie das Bedürfnis haben, einen Raum neu zu gestalten.
Es war einst Sitte, zuerst den Mittelpunkt eines Ortes zu bestimmen und dann um ihn herum zu bauen. Der Omphalos war der Mittelpunkt der Stadt, der Brunnen der Mittelpunkt des Marktplatzes, das Herdfeuer die Mitte des Hauses. Dieses Prinzip kann im Großen wie im Kleinen auch heute noch angewendet werden. Bewohnen Sie Ihr Haus und seine Räume um einen Mittelpunkt herum, denn in der Mitte, in der Zentriertheit liegt die Heilung, nicht nur die des Ortes, sondern auch die des Menschen. Dieser Mittelpunkt des Hauses oder Raumes sollte Ihnen zukünftig als Ort der Kraft dienen.

Das Zentrum finden

Sie finden das Zentrum Ihrer Wohnung nicht mit Zollstock und Winkelmaß als geometrische Mitte. Um den Mittelpunkt des Mandalas zu finden, das Ihr belebtes Heim darstellt, müssen Sie zunächst Ihre eigene Mitte finden. Denn alle äußeren Manifestationen sind Abbilder des Inneren, alles, was wir um uns herum schaffen, die Möbel, die wir auswählen, wie sie angeordnet sind, welche Farben uns umgeben, welche Materialien wir verwenden, sind Resultate unserer geistigen Einstellung. Auch welche Unordnung wir akzeptieren, welche Hässlichkeiten wir nicht beseitigen, welche disharmonischen Arrangements wir dulden.
Das Suchen der Mitte ist daher zuerst ein Prozess, der sich im Inneren des Menschen abspielt, es ist keine rationale Suche, sondern eine, bei

Nicht immer müssen großartige Umbaumaßnahmen ergriffen werden, um die Harmonie in den Räumen herzustellen, oft reichen bereits kleine Dinge.

Zur Reinigung und Gestaltung eines Raumes gehört auch ein Duft dazu.

der die Kräfte des Unbewussten wirksam werden müssen. Sie können dafür keine Zeitvorgabe machen oder sich einen Termin setzen. Sie können nur Ihrem Unbewussten den Auftrag geben, Ihnen zu helfen. Am einfachsten geschieht dies in Form eines Rituals, denn wie wir schon bei der Erdheilung gemerkt haben, sprechen Symbole und symbolische Handlungen diese tiefen Kräfte an.

Den Raum erspüren

Nicht anders als in der Natur können Sie auch das Wesen eines Raumes wahrnehmen, seine Ausstrahlung erspüren und vielleicht sogar seine Vergangenheit kennen lernen.

Wählen Sie einen Raum aus, den Sie neu verstehen wollen, vielleicht einen, in dem Sie sich besonders gerne aufhalten, oder einen, den Sie eher selten betreten. Es kann durchaus auch einer sein, der Ihnen unsympathisch oder fremd ist, in dem häufig Streit stattfindet oder von dem ein Hauch Kälte ausgeht. Nehmen Sie sich an einem ruhigen Abend eine Viertel- oder halbe Stunde Zeit, in der Sie nicht gestört werden, und stellen Sie Telefon und Hausklingel ab. Am besten wäre es, wenn Sie auch so viele elektrische Geräte wie möglich ausschalten können, denn die elektromagnetischen Felder, die von ihnen ausgehen, können die feinstofflichen Schwingungen überlagern oder verfälschen.
Löschen Sie aber auf jeden Fall das Licht, und zünden Sie nur eine oder mehrere Kerzen an. Dann suchen Sie möglichst intuitiv die Mitte des Raumes auf. Sollte dort schon eine Sitzgelegenheit stehen, nutzen Sie sie, ansonsten machen Sie es sich auf einem Kissen oder einer Decke bequem.
Atmen Sie langsam und bedächtig zwanzigmal tief in den Bauch ein, konzentrieren Sie sich dabei nur auf Ihren Atem. Lassen Sie aber die

Augen dabei offen. Ihr Blick sollte unfokussiert sein, also nicht auf einen Punkt oder Gegenstand fixiert. Nehmen Sie sozusagen den Raum eine Weile als Ganzes auf. Schließen Sie dann die Augen, und befragen Sie Ihre Gefühle. Wenn Sie meinen, dass der richtige Moment gekommen ist, dann fragen Sie den Raum, wo seine Mitte ist. Die Antwort kann ein inneres Bild sein, ein Symbol oder ein einzelnes Wort, das Ihnen plötzlich durch den Kopf schießt. Wenn Sie Ihre Antworten erhalten haben, atmen Sie noch einige Male tief durch, öffnen die Augen und kommen in die Gegenwart zurück. Auch wenn Sie bei dieser Übung nicht gleich eine Antwort erhalten haben, so ist die Frage doch weitergegeben worden. Achten Sie in den nächsten Tagen auf Ihre Träume, denn Sie haben sich auf einer rituellen Ebene mit dem Raum beschäftigt und einen unbewussten Kontakt zu ihm hergestellt. Aus Ihrem Unbewussten kommen nun die Anregungen.

Das Mandala der Wohnung

Sie haben Ihre Mitte, den Begriff, das Bild oder Wort gefunden, und nun sollten Sie dieses Zentrum in Ihrem Heim abbilden. Schaffen Sie sich um den Mittelpunkt einen eigenen Ort der Kraft. Wie er aussieht, wie Sie ihn gestalten, bleibt Ihnen natürlich selbst überlassen. Möglich ist, dass Sie bereits schon einen Hausaltar haben, auf dem die Symbole Ihres Glaubens Platz gefunden haben. Steht er am richtigen Ort? Oder muss er nur eben noch in das gefundene Zentrum verschoben werden? Wenn Sie dergleichen nicht haben, schaffen Sie sich einen »Altar«. Lösen Sie sich von der Vorstellung, dass ein Altar ein Tisch mit kostbaren Devotionalien sein muss, es kann genauso gut ein Bild an der Wand, ein Amulett mit einem Symbol sein, das Sie besonders tief anspricht, ein Plätzchen für eine Kerze und ein paar schöne Kristalle. Es sollte nur einen Bezug zur Mitte haben, und was ist da schöner als ein kleines Mandala.

Unterhalten Sie sich auch mit Ihren Mitbewohnern über die Gestaltung des Mittelpunktes Ihres Zuhauses. Versuchen Sie, den gemeinsamen Ort herauszufinden.

Formen des Mandalas

Mandala, wie bereits erwähnt, ist im einfachsten Fall ein Kreis mit einem Mittelpunkt. Sie können Mandalas in der unterschiedlichsten Form erzeugen. Wenn Sie künstlerisch begabt sind, malen Sie eines. Es kann aus geometrischen Formen zusammengesetzt sein und abstrakt wirken; es

Leider ist heute meist das Fernsehgerät der Mittelpunkt der Aufmerksamkeit – das sollte Ihnen zu denken geben!

kann aber auch gegenständliche Formen beinhalten, je nachdem, was Sie ausdrücken wollen. Sie können aus farbigem, transparentem Papier ein Fensterbild als Mandala entwerfen oder, wenn Sie Tiffany-Arbeiten lieben, eines aus Glas gestalten. Sie können es, wenn Sie gerne handarbeiten, sticken, häkeln, klöppeln oder weben, Sie können es aus getrockneten Blumen stecken oder aus Zweigen flechten. Selbstverständlich können Sie auch Gegenstände zum Kreis anordnen, die Ihnen etwas bedeuten: kleine Symbole oder Bilder, die Ihre Verbindung zum Raum, zum Heim, zu den Menschen darstellen, mit denen Sie leben. Vor einem sollten Sie sich jedoch hüten: einen Haufen Devotionalien anzusammeln, nur weil man Ihnen sagenhafte Wirkungen verspricht. Weniger ist mehr, wichtig ist die ungeteilte, tiefe Bedeutung für Sie.

Das Mandala allein jedoch ist noch nicht der Ort der Kraft, es hilft nur, sie zu verdichten. Wichtig ist, dass Sie diesen Ort wirklich als heilig betrachten, als Platz, an dem sich Ruhe und Heilung konzentrieren. Und dazu bedarf es der Aufmerksamkeit. Sie erinnern sich des Paradoxons des Chi: Es lenkt und es kann gelenkt werden. Die Energie folgt der Aufmerksamkeit. Mit der Achtung, die Sie einem bestimmten Ort entgegenbringen, wächst dort die positive Schwingung. Mit Klängen und Düften, mit Kerzenlicht und kleinen Gaben, mit Gedanken und Gebeten, mit Gesten und Meditationen formen Sie eine Energiequelle der Kraft, die mit jedem Mal stärker wird.

Und selbstverständlich können der Altar oder das Mandala Ausgangspunkte für alle Rituale sein, die Sie im Haus durchführen wollen.

Das eigene Heim, das neue Haus planen

Meist ziehen wir in Wohnungen oder Häuser, die andere als wir selbst gebaut haben, und müssen uns darin einrichten, so gut es die Gegebenheiten hergeben. Doch wenn Sie das Glück haben, sich Ihr Haus nach eigenen Wünschen gestalten zu können, dann sollten Sie auf jeden Fall zuerst den Mittelpunkt bestimmen und um ihn herum planen.

Es gibt auch inzwischen Architekten, die nach den Grundsätzen der Geomantie arbeiten oder sich in den Regeln des Feng Shui auskennen und Sie nicht kopfschüttelnd ansehen, wenn Sie das Grundstück zunächst auf Strahlungsquellen absuchen wollen. Lassen Sie sich auch von diesen Personen beraten, wie eine harmonische Raumaufteilung erreicht und in die Landschaft angepasste Formgebung und Fassade hergestellt werden können, welche Materialien besonders umweltverträglich sind und welche Energie schonenden Formen der Medienversorgung sich finden lassen.

Persönliche Baubegleitung

Wenn es dann so weit ist, dass die Planung in die Abwicklung übergeht, sollten Sie zumindest, bevor das Erdreich des Grundstücks aufgerissen wird, dort einen kleinen Moment der Besinnung einlegen. Durch Ihre Einwirkung wird die Erde verwundet, verliert ihre ursprüngliche Natur, vielleicht verjagen Sie nicht nur die dort lebenden Tiere, sondern auch Baumelfen oder andere feinstoffliche Wesen. Besänftigen Sie sie, indem Sie um Verständnis bitten und eine symbolische Geste ausführen. Ich habe Geistern unseres Grundstücks damals einen kleinen Bergkristall und einige getrocknete Rosenblätter geopfert. Und anders als bei unseren Nachbarn verlief die Bauphase erstaunlich problemlos. Ob das ursächlich zusammenhängt, kann ich Ihnen natürlich nicht sagen, aber warum soll ich angenehmen Zufällen gegenüber böse sein?

In einer Zeit, als das Bauen noch persönlicher war und der Bauherr höchstpersönlich mit Hand anlegte, war es üblich, dass er einen Baum für das Haus auswählte. Bevor er ihn fällte, sprach er mit dem Baum, bat ihn darum, ihn für seinen neuen Bau verwenden zu dürfen, und dankte ihm für sein Opfer. Das und auch die persönliche Grundsteinlegung sind Rituale, die die Bauenden mit dem Bau selbst verbinden. Bringen Sie etwas Persönliches mit in das Mauerwerk oder den Boden ein, eine Kleinigkeit nur, einen Talisman, einen seltsam geformten Stein oder ein Stück Papier mit den Wünschen für Ihr Haus. Erfühlen Sie selbst, was notwendig ist, so fließt bereits in der Entstehungsphase ein Teil Ihrer Persönlichkeit und der Ihrer Mitbewohner in das Gebäude mit ein.

Glücklich der, der die Möglichkeit hat, sich seine Wohnwelt aktiv zu gestalten.

Die Räume unseres Hauses lassen sich durch Rituale von belastenden Schwingungen reinigen und mit positiver Energie erfüllen.

Heilen *ist* Ordnung schaffen

Wenn wir krank sind, dann ist die natürliche Ordnung unseres Körpers in Unordnung geraten. Mal bringen Viren oder Bakterien das chemisch-biologische Gleichgewicht durcheinander, mal spielen die Abwehrkräfte verrückt, das Herz ist aus dem Tritt gekommen, der Kreislauf benimmt sich nicht so, wie er sollte, oder das Nervenkostüm flattert haltlos. Um wieder gesund zu werden, muss die natürliche Ordnung wiederhergestellt werden. Heilen ist Ordnung schaffen, im kranken menschlichen Körper, in den gestörten Ökosystemen der Erde, im eigenen Heim. Und genau wie die Krankheiten des Menschen nur wirklich geheilt werden können, wenn eine ganzheitliche Therapie für Körper und Seele erfolgt, so ist es auch mit unserer Umgebung. Nur Aufräumen reicht nicht, das ist nur das Beseitigen der Symptome. Nur symbolisch Reinigen reicht allerdings auch nicht, beides gemeinsam bringt Heilung.

Rituale für das Heim

Rituale heilen den Geist, sowohl den der Erde als auch den des Menschen und den seines Heimes. Sie stellen die Verbindung zu einem höheren Sinn und einer höheren Ordnung her, aus der die Kraft in uns zurückfließt. Wenn Sie also herausgefunden haben, wo Sie Ordnung schaffen oder reinigen wollen, dann gehen Sie in diesem Fall nicht einfach los und beginnen mit der Arbeit, sondern betrachten Sie den Vorgang als einen inneren und äußeren Heilungsvorgang.
Hier einige Hilfestellungen, wie Sie Ihre eigenen Rituale im Haus herstellen können.

Ritualablauf: ein Vorschlag

Der klassische Ritualablauf besteht aus:

- Vorbereitung des Rituals
- Anrufung
- Hauptteil
- Abschließende Anrufung und Danksagung
- Nachbereitung des Rituals

Vorbereitung

Zur Vorbereitung gehört zum einen, dass Sie sich über das Ziel der Handlung klar werden. Dazu formulieren Sie die Absicht oder den Wunsch, der mit der Aktion erreicht werden soll. Das kann beispielsweise der Wunsch nach wiedererwachender Kreativität sein, nach Beilegung von Streit, Trennung von alten Schmerzen usw. Auch die Hilfsmittel werden aus-

Rituale sind nichts Ungewöhnliches – sie führen rituelle Handlungen im Alltagsleben ständig aus, z. B. wenn Sie jemandem zum Geburtstag alles Gute wünschen.

Im Kapitel über die Erdheilung (S. 55ff.) finden Sie die Bedeutung der Farben und Laute. Fügen Sie diese symbolisch in Ihr Ritual mit ein.

gewählt, etwa Kerzen, Duft und Altarschmuck. Außerdem gehört eine symbolische Reinigung zur heiligen Handlung. Dazu zählt alles vom absichtsvollen Händewaschen bis hin zu einem entspannenden Kräuterbad. Wichtig ist nur, dass Sie diese Reinigung als persönliche Vorbereitung betrachten und sie nur in diesem Sinne durchführen.
Wenn Sie die einleitenden Schritte durchgeführt haben, begeben Sie sich an Ihren Altar und entzünden Kerzen und gegebenenfalls Räucherwerk oder Duftlampe.

Anrufung

Die folgende Anrufung ist im Prinzip nichts anderes als ein Gebet an die höheren Kräfte, die Sie unterstützen sollen, und hängt von Ihrem persönlichen Glauben ab. Möchten Sie das nicht, können Sie selbstverständlich auch die Kräfte der vier Elemente Feuer, Wasser, Erde und Luft anrufen. Dieser Teil des Rituals dient der Konzentration und Gemütsruhe und kann zum Ausgrenzen unerwünschter Einflüsse verwendet werden. Sie befinden sich danach wie auf einer geschützten Insel mitten in der Realität.

Hauptteil

In dieser geistigen Verfassung können Sie nun den Hauptteil des Rituals durchführen, nämlich das Aufräumen oder Reinigen.

Abschließende Anrufung

Wenn Sie damit fertig sind, kehren Sie zu Ihrem Altar zurück und führen die abschließende Anrufung und die Danksagung an die gerufenen Kräfte durch. Damit wird der Wiedereintritt in den Alltag symbolisch signalisiert.

Nachbereitung

Als Nachbereitung sollten Sie den Ablauf des Rituals, seine Besonderheiten und eventuelle Kritiken am Ablauf in ein Tagebuch eintragen, damit Sie später nachvollziehen können, in welcher Form der Erfolg eingetreten ist.
Auf jeden Fall sollten Sie nach einem solchen Ritual auf Ihre Träume, Visionen und vor allem auf seltsame Zufälle achten.

Von Häusern und Wohnungen träumen

In der Traumanalyse gibt es eine ganze Reihe von Entsprechungen, die im Zusammenhang mit Häusern stehen. In unseren Träumen meldet sich das Unbewusste zu Wort und zeigt uns, in welchen Räumen der Seele Ordnung und Unordnung herrscht. Das Haus im Traum zeigt den Aufbau der Persönlichkeit.

Wenn Sie also rein physisch, aber mit rituellem Charakter einen Bereich aufräumen, dann wird auch eine unordentliche Stelle in Ihrer Seele aufgeräumt. Wenn Sie sich von etwas rituell trennen, dann werden Sie auch innerlich etwas loslassen können.
Sie können auf zwei Arten vorgehen, wenn Sie eine Räumaktion starten: Entweder können Sie sich bewusst ein Zimmer auswählen, das Sie in Ordnung bringen wollen, und anschließend auf Ihre Träume achten, oder Sie haben einen »Haustraum« gehabt und handeln entsprechend der darin verborgenen Botschaft. Um Ihnen die Deutung und Zusammenhänge etwas zu erleichtern, hier einige Beispiele.

Traumsymbole aus Häusern und Zimmern

Bibliothek

Im Traum steht die Bibliothek für das Wissen, nicht nur das verfügbare, sondern auch das vergessene. Insbesondere den Menschen, die viel mit Büchern, Akten und anderen Schriftstücken umzugehen haben, kann ich aus eigener Erfahrung nur raten, hin und wieder die Bücherregale zu entrümpeln. Es ist ungemein erfrischend, wenn man sich in einem Lernprozess befindet, denn neues und altes Wissen fällt ganz plötzlich zusammen und ergibt eine neue Sicht der Dinge.

Bad

In den Waschräumen wird nicht nur irdischer Schmutz beseitigt, sondern auch geistige Verschmutzungen werden abgespült. Träumen Sie von einem schmuddeligen Bad, fauligem Wasser, versiegenden Brunnen, verstopften Rohren, ist es an der Zeit, den Bezug zu den Gefühlen wiederherzustellen. Machen Sie die »Quelle im Heim« zu einem wohnlichen Ort und nicht nur zu einer profanen Waschstelle, wo man Schmutzwasser wegkippt.

Klares, frisches Wasser steht symbolisch für eine harmonische Gefühlswelt.

Dachboden

Träume von oberen Geschossen und Dachböden betreffen den Kopf, vom rationalen Denken bis hin zur Spiritualität. Spinnweben, Staub und abgeschobene Möbel in diesem Bereich deuten auf unklares Denken, verstaubte Ideen und belastende Vorurteile. Ein Aufräumen unter dem Dach

Symbole sind vielschichtig. Darum sollten Sie auch immer Ihre Gefühle und Assoziationen in die Deutung Ihrer Träume mit einfließen lassen.

Nicht nur Traumbilder, sondern auch die Bilder, die bei der Raumbefragung in Ihnen aufsteigen, können Sie auf diese Weise deuten.

hilft Ihnen, sich von den Spinnweben im Gehirn zu befreien. Trennen Sie sich von wirklich nutzlosem Altem und Überholtem. Vielleicht aber finden Sie auch ganz unerwartete Schätze unter dem Gerümpel, die es wert sind, aufpoliert zu werden.

Fassade

Was für eine Fassade hat Ihr Haus im Traum? Verschnörkelt oder mit wildem Wein überrankt, weiß gestrichen oder grau und verfallen, blätternder Putz oder marmorner Protz? Die Traumfassade sagt Ihnen, wie Sie Ihre äußere Erscheinung sehen. Wenn Sie damit zufrieden sind, dann ist keine Handlung erforderlich, stört Sie aber etwas, dann gehen Sie mal durch Ihren Kleiderschrank und räumen Sie ihn auf. Mag sein, dass Sie sich von einem überlebten Stil und der damit verbundenen Maskerade trennen wollen.

Fenster und Türen

Die Beschaffenheit der Fenster und Türen in Ihrem Haustraum gibt Ihnen Auskunft über Ihre Kontakte zur Außenwelt. Blinde Fenster, klemmende Türen, quietschende Angeln sagen Ihnen, dass daran gearbeitet werden muss. Der Blick nach außen ist getrübt. Fehlende Scheiben, schlagende Türen, Durchzug in allen Räumen deuten auf ein allzu offenherziges Kontaktverhalten hin, das bis zur Oberflächlichkeit geht. Widmen Sie sich einige Zeit Ihren Türen und Fenstern, Fensterbänken, Fußmatten und dem Eingangsbereich.

Keller

In dunklen Kellern lagert die Vergangenheit, schmerzliche und erfreuliche Erinnerungen, halb vergessenes, verstaubtes Wissen, manchmal auch verdrängte Inhalte, Instinkte und nicht zugelassene Triebe. Ein unaufgeräumter, düsterer, Angst machender Keller im Traum sollte Sie zu einer Entrümpelungsaktion bewegen, bei der Sie sich auch den unangenehmen Gefühlen aus der Vergangenheit stellen. Träume von sterilen, weißen, kalten Kellern sprechen von Gefühlskälte, Verachtung der Natürlichkeit und Entfremdung.

Küche

Die Küche ist der Bauch. Hier hütet die Herrin des Hauses das Feuer und führt in den Kesseln und Töpfen die Wandlung der rohen Ingredienzen zu nahrhaften Mahlzeiten durch. Eine unordentliche, schmuddelige Küche

zeigt Schwierigkeiten bei der Verdauung geistiger Inhalte an, die Kreativität ist blockiert, man ist wie ausgebrannt.
Ein Großreinemachen in der Küche kann hier helfen. Finden Sie im Traum eine fröhliche Köchin, eine sonnige, duftende Küche, brodelnde Töpfe und Pfannen, dann weist das auf brodelnde Kreativität hin. Gehen Sie mit Schwung an die Arbeit.

Schlafzimmer

Ort der Zurückgezogenheit ist das Schlafzimmer und das Bett. Es kann Glück und Leid bedeuten. Liebe, Zärtlichkeit, Sexualität, Ruhe, Entspannung und Heilung finden Sie in einem kuscheligen Schlafraum, Krankheit, Schmerzen, Unruhe, böse Träume und Schlaflosigkeit in belasteter Umgebung. Räumen Sie Ihr Schlafzimmer auf. Wenn Sie mit Pendel und Wünschelrute umgehen können, sollten Sie auch nach störenden Erdstrahlungen fahnden. Die Quelle belastender elektromagnetischer Felder sind Fernseher, Radiowecker und ähnliche Geräte.

Toilette

Im WC wird Ballast abgeworfen, in diesem Fall überflüssige, belastende Emotionen. Ist im Traum die Toilette mit Scham, Ekel und Heimlichkeit verbunden, mit Schmutz und üblem Geruch, dann ist auch der innere Reinigungsvorgang behindert und verstopft. Räumen Sie die Toiletten auf, reinigen Sie sie, und stellen Sie Potpourries aus getrockneten Blumen und Kräutern auf. Vermeiden Sie künstliche Duftstoffe, die nach Desinfektionsmitteln riechen.

Treppenhaus

Treppen im Traum haben fast immer eine tiefe Bedeutung. Führen sie nach oben, stellen sie den Zugang zu aktiven, bewussten Vorgängen dar, absteigende Treppen sind die Verbindung zu passiven, unbewussten Vorgängen. Blockierte Treppen sind blockierte Wege zum Bewusstsein. Gehen Sie mit kritischen Augen durch Ihr Treppenhaus, und beseitigen Sie alle Stolperfallen und Hindernisse.

Wohnzimmer

Traumwohnzimmer stellen das soziale Verhältnis dar, die Kommunikation mit Familie und Freunden. Irren Sie in weitläufi-

Achten Sie besonders nach einer Reinigungsaktion darauf, ob sich in Ihren Träumen und inneren Bildern etwas geändert hat.

Pflanzen beleben jeden Raum. Gehen Sie bei der Auswahl intuitiv vor.

gen, leeren Räumen umher, fehlt Ihnen sicher Wärme und Geborgenheit. Werden Sie hingegen von schweren Möbeln erdrückt, drückt die familiäre Belastung Sie nieder. Räumen Sie Ihr Wohnzimmer auf, und stellen Sie die Möbel gegebenenfalls um. Ist der einzige Fixpunkt der Kommunikation der Fernseher in Ihrem Wohnzimmer, dann verbannen Sie das Gerät am besten in einen anderen Raum.

Wichtig ist vor allem, dass Sie bei der Reinigung visualisieren, wie die Energien im Raum geklärt werden und der »Energiemüll« aufgelöst wird.

Räume klären

Aufräumen und Aussortieren sind ganz handfeste materielle Vorgänge, die damit enden, dass ein Sack für die Altkleidersammlung bereitsteht, ein Spendenpaket geschnürt wird oder ganz einfach der Mülleimer voll ist. Die Reinigung der Räume aber erfolgt auf zwei Ebenen. Die eine wird mit Staubsauger und Wischlappen durchgeführt, die andere Reinigung aber kann als symbolische Handlung verstanden werden und betrifft die feinstofflichen Energien, die ja auch Ihr Haus durchziehen.

Wann ist Raumklären notwendig?

Sind Sie schon mal in einen Raum gekommen, in dem gerade erbittert gestritten wurde? Beinahe jeder verspürt die sprichwörtliche »dicke Luft«, die in solchen Bereichen herrscht, selbst wenn im Augenblick kein böses Wort mehr fällt. Auch Zimmer, in denen Krankheit, Schmerz und Trauer ihre Spuren hinterlassen haben, wirken irgendwie dumpf und trübe. Wohnungen und Häuser, in denen keine glücklichen Menschen gelebt haben, tragen Spuren von negativen Schwingungen.
Raumklären ist also immer dann sinnvoll, wenn es darum geht, den Fluss des Chi wieder in Gang zu bringen, damit die Lebenskraft in den Räumen sich frei ausbreiten kann und den Bewohnern zugeführt wird.

Andere Reinigungsmöglichkeiten

Es gibt, bezogen auf die vier Elemente Feuer, Wasser, Erde und Luft, eine ganze Reihe von Möglichkeiten, wie man Räume klären kann. Dafür als Anleitung hier der prinzipielle Ablauf der Raumklärung:

- Räumen Sie den Raum auf, und reinigen Sie sich selbst.
- Stellen Sie die benötigten Hilfsmittel griffbereit zusammen.
- Rufen Sie die unterstützenden höheren Mächte an.

- Reinigen Sie den Raum oder die Räume nach Ihrer gewählten Methode.
- Sprechen Sie Ihren Wunsch oder Ihre Reinigungsabsicht aus.
- Danken Sie den höheren Mächten.

Reinigung mit Feuer, Wasser, Erde und Luft

Feuer

Feuer hat transferierende Kraft, es wandelt die vorhandene Energie entsprechend Ihrer Absicht. Durch Feuerreinigung sollten dunkle, kalte, leblose Räume in lichte und lebensvolle verwandelt werden. Verwenden Sie farbige Kerzen, die entsprechend der Reinigungsabsicht geweiht werden. Dabei unterstützt die Farbe der Kerzen und der Dekoration die Reinigungsabsicht. Ihre Wünsche übergeben Sie dem Feuer, um sie in die feinstoffliche Welt zu leiten. Räucherwerk ist ein klassisches »Energiereinigungsmittel«. Durch die Verbindung von Luft und Feuer hat diese Reinigung große Kraft.

Wasser

Wasser hat heilende und erneuernde Kraft und gibt Klarheit. Durch Wasserreinigung kann getrübte oder aufgeheizte Energie geklärt werden, aber auch verletzte Gefühle können geheilt werden. Das Wasser wird entsprechend der Reinigungsabsicht geweiht und im Uhrzeigersinn im Raum versprüht. Salzwasser eignet sich für eine schnelle, gründliche Reinigung für alle Zwecke. Duftwasser eignet sich für die schnelle Reinigung und Erfrischung zwischendurch.

Erde

Erde hat schützende, zentrierende Kraft und unterstützt Geduld und Beharrlichkeit. Salz ist ein universelles Reinigungsmittel, das immer eingesetzt werden kann, Kristalle dagegen wirken entsprechend ihrer Schwingung spezifischer als Salz. Doch sie müssen hin und wieder selbst gereinigt und ihrem Zweck entsprechend geweiht werden. Kristalle helfen auch, die gewünschten Energien zu bewahren.

Luft

Luft erhöht die geistige Klarheit und bringt die frische Energie zum Strömen. Düfte kann man z. B. sehr fein auf den Reinigungsanlass abstimmen. Duftende Blumen und Kräuter können frisch oder getrocknet die Reinigung unterstützen. Klänge und Klatschen reinigen die Räume durch Tonschwingungen.

Setzen Sie auch Mantras (Klänge), Farben und Düfte ein, die einen symbolischen Bezug zu dem Reinigungswunsch haben, um das Ritual erfolgreich zu gestalten.

Suchen Sie Ihren inneren Garten! Das Paradies und der Schlüssel zu ihm liegt in jedem von uns verborgen.

Der Garten – *ein* Ort der Kraft

Entfernen wir uns nun wieder von dem innersten Zentrum des Heimes und wandern zur äußeren Grenze – das, was vor den Mauern liegt. Vielleicht gehören Sie zu den Glücklichen, die einen eigenen Garten besitzen, doch Balkone, Fenstersimse und Eingangsbereiche bilden ebenfalls diesen zweiten Ring um den Mittelpunkt des Heimes.

Gartenbewusstsein

Das, was Sie in den Räumen Ihres Hauses oder in der freien Natur geübt haben, nämlich den Kontakt mit dem Geist des Ortes aufzunehmen, das können Sie auch in Ihrem Garten nachvollziehen. Zuerst einmal machen Sie aber die Bestandsaufnahme: Wo fühlen Sie sich wohl, welche Ecken meiden Sie? Wo gedeihen die Pflanzen, wo verkümmern sie? Wenn Sie das gefühlsmäßig herausgefunden haben, sollten Sie Ausschau halten nach »Un«-Natürlichem. Sie müssen nicht sofort die ganze Anlage umgestalten, denn auch hier kann man mit ein paar Maßnahmen Harmonie wiederherstellen. Und was bietet sich da mehr an, als Pflanzen zu säen oder zu setzen, die eine symbolische Bedeutung haben. Auf den beiden folgenden Seiten finden Sie eine Auflistung der gängigen Blumen, Kräuter und Sträucher, die in unseren Breiten wachsen. Gestalten Sie Ihre Beete doch einmal nach diesen Kriterien. Pflanzen Sie auf jeden Fall auch immer einige Kräuter und Gewürzpflanzen an, die Sie zum Verfeinern Ihrer Mahlzeiten und getrocknet auch als Räucherwerk einsetzen können.

Der innere Garten

Die hängenden Gärten der Semiramis, der Garten Eden, Avalon, der Garten der Apfelbäume, die Gärten der Hesperiden – Gärten stehen als Symbol des Paradieses, der anderen Welt, in der Fülle, Sicherheit und Frieden herrscht. Eine Umschließung hält die inneren Kräfte des Gedeihens zusammen, doch man gelangt in den Garten nur, wenn man die Pforte findet. Hat man sie nach langer Suche entdeckt, muss man sich darum bemühen, an den Schlüssel zu gelangen. Erst wenn man ihn gefunden hat, tritt man ein in den Seelengarten, in dem eine reine Quelle unter den Schatten spendenden Zweigen des Lebensbaums sprudelt.
Sollten Sie ein solches Traumbild einmal haben, dann sind Sie in Kontakt gekommen mit Ihrem innersten Wesenskern, mit Ihrer Seele.

Nicht nur die Innenräume von Haus und Wohnung spiegeln den Charakter der Bewohner wider, sondern auch das Äußere des Lebensraumes.

Gartenpflanzen und ihre Bedeutung	
Akelei	Heilung von Geiz
Basilikum	Schutz und frische Energie
Buchsbaum	Dauerhaftigkeit, auch tiefe Frömmigkeit
Efeu	Freundschaft und Lebensfreude, Unsterblichkeit
Eisenkraut/Verbene	Schutz vor unangenehmen Träumen
Estragon	Gesundheit und Energie
Farn	Glück, Schutz gegen Dämonen
Gänseblümchen	Natürlichkeit, Großzügigkeit
Ginster	Schutz vor Depressionen, Wärme, Reinheit
Haselnuss*	Zauberkraft und Weisheit, Tor zur Elfenwelt
Heidekraut	Trost, Hoffnung, Liebe
Holunder*	Schutz, Visionen und Prophezeiungen
Hyazinthe	Wiederkehr des Lebens
Ilex*	Opfer, Wiedergeburt, Wunscherfüllung
Johanniskraut	Schutz gegen Depressionen
Kamille	Heilung und Ruhe
Katzenminze	Fördert den Kontakt zu Tieren – insbesondere zu Katzen
Kerbel	Weisheit und klares Denken
Klee	Lebenskraft, Symbol der dreifältigen Göttin; vierblättriger Klee verheißt Glück
Kürbis	Glückliches, gemütliches Heim

Gartenpflanzen und ihre Bedeutung	
Lavendel	Reinheit und Ordnung
Majoran	Erfolg bei Geschäften, klarer Verstand
Narzisse	Überwindung der Selbstliebe
Nelke	Fruchtbarkeit
Petersilie	Klares Denken, Wohlstand, auch Leidenschaft
Pfefferminze	Erfrischung und Gesundheit
Ringelblume	Fülle, Langlebigkeit und Heilung
Rosmarin	Liebe und Treue, Freundschaft, auch Konzentration
Salbei	Inspiration, Reinheit, ruft die positiven Geister
Schafgarbe	Heilung von alten Wunden und traurigen Erinnerungen
Schlehdorn*	Schutz, Konzentration
Schneeglöckchen	Hoffnung
Sonnenblume	Freude, das Leben umarmen
Stiefmütterchen	Treue Liebe
Thuja	Begrenzung und Disziplin
Thymian	Kraft und Stärke, Dynamik
Veilchen	Heilung von seelischen Verletzungen und Trennungsschmerz, auch Bescheidenheit
Wacholder	Schutz und Tatkraft, neue Kräfte
Wein	Langes Leben, spirituelle Verbindung, Wohlstand und Fülle
Weißdorn	Reinheit

Die mit einem * gekennzeichneten Sträucher sind die typischen Heckengewächse, die in der Tradition der weisen Frauen besonderen Schutz gegen unangenehme Einflüsse bieten.

Wer sich Zeit nimmt, erkennt, dass echte Lebensqualität nichts mit materiellem Lebensstandard zu tun hat.

Gedanken *zur* Tiefenökologie

Geomantie ist Wahrnehmung, eine erhöhte Achtsamkeit gegenüber der Natur, der Umwelt, den Lebewesen und den wirkenden Kräften um uns herum.
In den vorherigen Kapiteln wurden Ihnen eine Reihe von Übungen vorgestellt, wie man diese Achtsamkeit schulen kann. Sie haben auch erfahren, wie man die daraus entstandenen Erkenntnisse in das eigene Leben, insbesondere in den Bereich des Wohnens einbeziehen kann.
Doch das Thema wäre unvollständig behandelt, ginge ich hier nicht auch auf den Hintergrund der Geomantie ein, auf die so genannten »tiefen Fragen« (Arne Naess), die in Bezug auf die Erde gestellt werden müssen.

Weltbilder

Der Glaube an die Beseeltheit der ganzen Natur war bei den Naturvölkern vorhanden, Pflanzen und Tiere existierten als gleichberechtigte Lebewesen neben den Menschen. Geistige Wesenheiten waren genauso Realität wie Wind und Wolken, Göttinnen und Götter so gegenwärtig wie die Nachbarn. In den schamanischen Traditionen und im Hexenwesen ist dieses Weltbild bis heute lebendig geblieben, doch es sind wenige, die diesem Glauben anhängen. Denn er wurde nach und nach von den Dogmen des Christentums zerstört, das besonders Arbeit und die materiellen Werte betonte. Die Naturgottheiten verloren ihre Macht, ein ferner Gott stieg zum Himmel auf und wurde zu einem transzendenten Gott. Die Natur wurde entheiligt, und spirituelle Werte gingen nach und nach in einer materialistischen Welt verloren. Denn es hieß jetzt: »Seid fruchtbar und mehret euch und erfüllt die Erde! Furcht vor euch und Schrecken sei bei allen Erdentieren, bei allen Himmelsvögeln, bei allem, was auf dem Erdboden kriecht, und bei allen Fischen des Meeres; in eure Hand sind sie gegeben.« (1 Moses 9,1–3) Die Menschen sollen sich die Erde untertan machen. Wir haben es leider wortwörtlich erfüllt.

Weltbilder wandeln sich

Aber Glaubenssyteme, Richtlinien, Gesetze – alles hat seinen Sinn zu seiner Zeit, in seiner Kultur. Ebenfalls alttestamentarisch ist das Gesetz, das Auge um Auge, Zahn um Zahn fordert. Davon haben wir uns in unserer Rechtsprechung getrennt, weil wir es als unmenschlich erachten.

Von den praktischen Ratschlägen zu Erdheilung und Naturbewusstsein kommen wir hier zu sehr ernsthaften Überlegungen, die, wenn sie konsequent ausgeführt werden, langfristige Folgen haben müssen.

Jeder Einzelne arbeitet mit seinem Verhalten an der Zukunft unseres Heimatplaneten – zum Guten wie zum Schlechten.

Es ist an der Zeit, auch das materialistische Weltbild, wie es sich in seiner negativen Ausprägung präsentiert, infrage zu stellen. Die Vorstellung, die Natur, die Erde als eine unerschöpfliche Quelle von Rohstoffen zu betrachten, kann heute nicht mehr aufrechterhalten werden. Wir sind an Grenzen gestoßen, die es erfordern, eine andere Haltung einzunehmen.

Ein fertiges Rezept allerdings gibt es noch nicht. Noch wirken zu viele Interessen gegeneinander. Eine Rückkehr zu primitiveren Lebensformen kann nicht die Lösung sein, eine weitere Ausbeutung der Erde ist aber genauso wenig machbar. Es gibt auch keine Institutionen, keine Verantwortlichen, keine Führer, die fertige Lösungen anbieten, es ist die Aufga-

Die Entwicklung der Erde im Zeitraffer

Datum	Ereignis
1. Januar	Die Erde entsteht.
Mitte Februar	Die Urzelle bildet sich.
Anfang Mai	Die Fotosynthese wird »erfunden«.
Anfang Juli	Umweltkatastrophe durch zu hohen Sauerstoffanteil in der Atmosphäre.
Ende Juli	Einige Einzeller entdecken die Atmung und verbrauchen den Sauerstoff wieder. Das atmosphärische Gleichgewicht bildet sich.
Ende Oktober	Die im Wasser lebenden Einzeller schließen sich zu Lebensgemeinschaften zusammen, den Vorläufern der vierzelligen Organismen.
29. November	Erstes Leben auf dem Festland: Pflanzen und Lungenatmer.
13. Dezember	Die Dinosaurier bevölkern die Erde, aber auch die ersten Säugetiere entwickeln sich.
30. Dezember	Die Dinosaurier sind verschwunden. Die Primaten haben sich weiterentwickelt.

Der 31. Dezember im Zeitraffer

Uhrzeit	Ereignis
20:10:00	Die ersten Steinwerkzeuge werden von den Menschen benutzt.
21:43:00	Eine Eiszeit (Mindel) löst eine Klimakatastrophe aus.
23:03:00	Der »Peking-Mensch« nutzt das Feuer.
23:55:20	Der Mensch verziert seine Wohnhöhlen mit mythischen Malereien.
23:58:44	Ackerbau wird betrieben, Haustiere finden sich ein.
23:59:15	Erste Hochkulturen im Mittleren Osten und China.
23:59:37	Beginn der Eisenzeit; Kahlschlag der Wälder im Mittleren Osten.
23:59:46	Beginn unserer Zeitrechnung.
23:59:57	Entdeckung Amerikas; globale Ausbreitung von Tier- und Pflanzenarten; Ausrottung vieler Tierarten und Kulturen.

be eines jeden Einzelnen, sich in den Zeiten des Wandels Gedanken zu machen. Die Beschäftigung mit Geomantie und »Tiefenökologie« (Arne Naess) kann dabei hilfreich sein.

Zeitraffer

Um Ihnen ein Gefühl für Zeiträume des irdischen Geschehens und die Geschwindigkeit, mit der sich Entwicklungen vollziehen zu geben, finden Sie in obiger Tabelle, zusammengefasst in einem Jahr, die Stationen, die seit der Entstehung der Erde durchlaufen wurden. Es gibt ein deutliches Bild über die Entwicklung des Menschen ab, wenn man bedenkt, dass wir erst in den letzten Stunden des 31. Dezembers auf die Bühne traten!

Die Erde und der menschliche Körper

Kommen wir zu einem weiteren Vergleich, diesmal nicht im Zeitraffer,

Fallen Ihnen zu dieser Entwicklung irgendwelche »tiefen« Fragen ein? Oder vielleicht sogar die eine oder andere Antwort?

Auch dieses Beispiel sollte Sie anregen, weitere Vergleiche zu finden, denn das Nachdenken darüber hilft, die Entwicklungen besser zu verstehen.

sondern mit dem Blick des Arztes. Setzen wir einmal den Körper der Erde mit dem Körper des Menschen gleich. Die Haut, die uns umgibt, dient der Atmung und dem Schutz. Wenn die Funktion gestört wird, leidet der Mensch an Hautkrebs, Schuppenflechte, Neurodermitis und vielen anderen unangenehmen Hautkrankheiten. Wenn analog dazu die Erdkruste gestört wird, die Atmungsorgane der Pflanzendecke vernichtet werden, die Schadstoffe unserer Zivilisation den Boden und das Wasser verschmutzen, versteppen fruchtbare Landschaften, reißen Erdrutsche und Lawinen die Erde auf.
Die Haare sorgen für den Temperaturausgleich; fallen dem Menschen die Haare aus, ist ein Sonnenbrand auf der Kopfhaut das kleinste Übel, der Sonnenstich schlimmer. Die Haare der Erde sind die Wälder; werden sie abgeholzt, wird das Klima empfindlich gestört, die Erde verbrennt.
Die Nieren sind Schadstofffilter im menschlichen Körper. Nierenfunktionsstörungen führen zur Vergiftung des Körpers mit Abfallstoffen. Das Absinken des Grundwasserspiegels, die Verschmutzung der Flüsse und Meere, die Schadstoffe im Regen machen reines Wasser allmählich zu einer knappen Ressource, und Wiederaufbereitungsanlagen ersetzen schon vielfach wie die künstliche Niere die natürlichen Filter.
Die Verdauungsorgane stellen das Entsorgungssystem des Menschen dar. Verstopfung oder Durchfall, schlechte Verarbeitung der zugeführten Nahrungsmittel, ist immer eine Folge von Störungen in diesem System. Analog dazu muss man sich fragen, was alles auf der Erde nicht biologisch abbaubar und damit unverdaubar ist! Plastiktüten und Bierdosen, Bohrinseln und Atommüll, Kunststoffspielzeug und Medikamente... Ergänzen Sie diese Liste nach Belieben, und stellen Sie sich dann die Frage nach dem Gesundheitszustand des Mutterbodens.
Störungen im Herz-Kreislauf-System führen zu Bluthochdruck, verengten Gefäßen, Rhythmusstörungen, schließlich zum Herzinfarkt als Folge von Stress – Zivilisationskrankheiten des modernen Menschen. Unser Wasser fließt durch einbetonierte

Durch Abholzung und klimatische Veränderungen kommt es weltweit zu Flutkatastrophen und Erdrutschen.

Flussbetten, unterirdische Rohrleitungen und begradigte Ströme, künstliche Stauseen nehmen es schließlich auf. Kommt unerwarteter Stress, sprich Regenfälle oder Tauwasser hinzu, tritt der Kollaps ein: Dammbrüche, verheerende Überflutungen in dicht besiedelten Gebieten.
Die Lunge ist das wichtigste Atmungsorgan. Asthma, chronische Bronchitis, Lungenkrebs führen zu Erstickungserscheinungen, der Gasaustausch im Blut ist gestört. Das Gleichgewicht der Luft mit 21 Prozent Sauerstoff, 78 Prozent Stickstoff und 1 Prozent Edelgase ist ausschlaggebend für das Weiterbestehen des Lebens. Schon geringste Abweichungen würden zu unüberschaubaren Katastrophen führen. Noch ist der Sommersmog lokal, aber wir nutzen alle Chancen, ihn global zu machen.
Man könnte noch viele Vergleiche anstellen, um doch immer nur wieder herauszufinden, dass die Erde und ihre Bewohner unzählige Parallelen aufweisen. Ein Grund mehr, einige wichtige Fragen zu stellen.

Tiefenökologie – ein Versuch, Antworten zu finden

Sie sind nicht alleine, wenn Ihnen Fragen und Antworten zu diesem Thema einfallen. Der geistige Wandel, der sich in den letzten Jahren bemerkbar gemacht hat, brachte eine Reihe Menschen dazu, über die Situation der Umwelt und der Erde nachzudenken.
Der norwegische Philosoph Arne Naess, Mitbegründer der tiefenökologischen Bewegung, hat einige Grundaussagen geprägt, die sich aus seinen Überlegungen ergeben haben. Daraus können Sie für sich selbst nach kritischer Prüfung einige neue Werte ableiten. Hier die Kurzfassung der tiefenökologischen Prinzipien:

Mineralien entstehen über Jahrhunderte und Jahrtausende. Welchen Wert hat dieser Malachit für uns, und welchen Eigenwert besitzt er?

1. Das Wohlsein und Sich-entfalten-Können des menschlichen und des nichtmenschlichen Lebens auf der Erde haben einen Wert in sich selbst. Dieser Eigenwert ist unabhängig von der Nützlichkeit der Natur für menschliche Zwecke.
2. Der Reichtum und die Vielfalt der Lebensformen tragen zur Verwirklichung dieser Werte bei und sind daher ebenfalls als Wert an sich anzusehen.

> Ein Teil der Freude entspringt dem Bewusstsein um unsere enge Beziehung zu etwas, das größer ist als unser eigenes Ego, zu etwas, das seit Millionen von Jahren besteht und es wert ist, noch weitere Millionen von Jahren zu leben.
> (Arne Naess)

3. Menschen haben kein Recht, diesen Reichtum und diese Vielfalt zu verringern, außer um ihre überlebensnotwendigen Bedürfnisse zu befriedigen.
4. Es hört sich streng an, was hier aufgeführt wird – schrecken Sie nicht gleich davor zurück. Es sind die kleinen Schritte, die zum Umdenken und zum Erfolg führen.
5. Die gegenwärtigen Eingriffe in die nichtmenschliche Welt durch den Menschen sind übermächtig schädigend, und die Situation verschlechtert sich zunehmend immer schneller. Das Wohlsein des Menschen und seiner Kulturen und das Überleben der nichtmenschlichen Daseinsformen setzt einen deutlichen Rückgang der Weltbevölkerung voraus.
6. Für eine tiefgreifende Verbesserung der Überlebensbedingungen sind verschiedene politische Änderungen nötig. Die bevölkerungspolitischen Instrumente beispielsweise müssen sich ändern. Änderungen beziehen sich ferner auf grundlegende ökonomische, technische und ideelle Strukturen…
7. Der geistige Wandel bezieht sich hauptsächlich auf die Wertschätzung von Lebensqualität und nicht mehr länger auf den steigenden Lebensstandard. Es wird sich ein tragendes Bewusstsein des Unterschiedes zwischen Menge und Güte entwickeln.

Diejenigen, die die genannten Punkte befürworten, gehen damit gleichzeitig eine direkte oder indirekte Verpflichtung ein, an dem Versuch teilzunehmen, die nötigen Veränderungen durchzusetzen.

Eine neue Bescheidenheit

Die wichtigste Aussage in dieser Auflistung ist der 7. Punkt: Lebensqualität statt Lebensstandard. Die Qualität des Lebens wird natürlich zum einen an den äußeren Gegebenheiten gemessen. Genug zu essen, schützende Kleidung, ein Dach über dem Kopf, ausreichende Hygiene, Ausbildung und Arbeit sind unabdingbar. Aber es gehört doch noch ein bisschen mehr zum Leben außer satt zu sein und es warm und trocken zu haben. Freude an Schönem, Gemeinsamkeit mit anderen, Liebe und Lachen, Streben und Gewinnen und vieles andere mehr machen erst das eigene Gefühl der Zufriedenheit aus. Zufriedenheit ist Lebensqualität. Lebensstandard ist der Maßstab, der von außen gesetzt wird. Die Automarke, das Designerkleid, die exoti-

schen Urlaubsziele, die teure Einrichtung. All das sind Insignien der Macht, die man trägt, um anderen den eigenen Wert zu beweisen.
Ist es Lebensqualität oder Lebensstandard, wenn jeder in unserem Land Delikatessen zu Billigpreisen verlangt? Nordseekrabben werden per Lkw und Kühlcontainer nach Nordafrika transportiert, dort von billigen Arbeitskräften aus ihrem Panzer ausgelöst und wieder zurück zu uns befördert, um in den Supermarktregalen zu Niedrigstpreisen angeboten zu werden.
Wenn Sie ein bisschen aufmerksam die Presse verfolgen, dann werden Sie solche Merkwürdigkeiten in zunehmendem Maße finden. Ein Grund mehr, weiter Fragen zu formulieren.
Vor allem sollten Sie sich persönlich auch diese stellen: Gibt es wirklich innere, tiefe Zufriedenheit, seinen Lebensstandard höher und höher zu schrauben, um der Welt zu zeigen, was man ist?
An der Frage, was wichtiger ist – Lebensqualität oder Lebensstandard –, kann jeder nach seinem Ermessen selbst arbeiten.

Machen Sie öfter mal ein Picknick, und begegnen Sie der Natur dabei bewusst und dankbar.

Adressen

VRP – Verband für Ruten- und Pendelkunde e.V.
Kirschbachweg 16
D-81479 München
Tel. 089/7915774

Forschungskreis für Geobiologie
Dr. Hartmann e.V.
Adlerweg 1
D-69429 Waldbrunn/Odenwald
Tel. 06274/6868

Internationales Institut für Baubiologie
Heilig-Geist-Straße 54
D-83002 Rosenheim
Tel. + Fax: 08031/36750

Hagia Chora
Schule für Geomantie
Luitpoldstraße 35
84453 Mühldorf
Tel. 08631/379633
Fax 08631/379634
www.hagia-chora.org

Bezugsquellen

Unterschiedliche Pendelmodelle können Sie bestellen bei:

Mitras Magic Market GmbH
Postfach 101116
D-46211 Bottrop
e-mail: Info@Pendelversand.de

Einen ausführlichen Katalog finden Sie im Internet unter:
www.Pendelversand.de und
www.Esoterikversand.de

Literaturverzeichnis

Aeppeli, Ernst: Der Traum und seine Deutung (Knaur Verlag, München 1984)

Ansha: Reinigungsrituale für Haus und Wohnung (Ludwig Verlag, München 1999)

Ansha: Grundkurs Pendeln (Ludwig Verlag, München 1999)

Brönnle, Stefan: Die Kraft des Ortes (Falken Verlag, München 1998)

Dahlke, Rüdiger: Der Mensch und die Welt sind eins (Hugendubel, München 1987)

Dawkins, Peter: Zoence – Wiederentdeckung der Tempelwissenschaft (Knaur Verlag, München 1996)

Gehringer, Petra: Geomantie (Neue Erde Verlag, Saarbrücken 1998)

Gottschalk, Herbert: Lexikon der Mythologie (Heyne Verlag, München 1993)

Gottwald / Klepsch (Hrsg.): Tiefenökologie (Diederichs Verlag, München 1995)

Graichen, Giesela: Das Kultplatzbuch (Bechtermünz Verlag, München 1997)

Grün, Willi H.: Erdstrahlen (Ullstein Verlag, Berlin 1996)

Holst, Ulrich: Rutengehen (Ludwig Verlag, München 2001)

König, Ditte: Die Welt der Feen (Heyne Verlag, München 1998)

Lovelock, James: Das Gaia-Prinzip (Insel Verlag, Frankfurt 1993)

Monaghan, Patricia: Lexikon der Göttinnen (O.W. Barth Verlag, Bern 1997)

Pogacnik, Marco: Schule der Geomantie (Droemer Knaur Verlag, München 2000)

Warnecke, Eckart: Praxisbuch des magischen Wohnens (Peter Erd Verlag, München 1998)

Wittig, Klaus H.: Merlinstab und Zirbelzweig (Bauer Verlag, Freiburg 1998)

Über die Autorin

Ansha beschäftigt sich seit vielen Jahren mit Magie und artverwandten Gebieten. Sie versucht vor allem eine Synthese zwischen alten magischen Praktiken und den derzeitigen wissenschaftlichen Erkenntnissen herzustellen – Beziehungen, die insbesondere zur Psychologie und zu modernen ganzheitlichen Heilmethoden bestehen.

Bildnachweis

Agentur Walter Holl, Aachen: 36; Bilderberg, Hamburg: 63 (Wolfgang Kunz); Fotoarchiv, Essen: 50 (Marco Christofiori); Image Bank, München: 9 (T. Chinami), 23 (Clark), 27 (Ross M. Horowitz), 28 (Chris Close), 30 (Anthony Edwards), 40 Redfearn), 46 (Andrea Pistolesi), 73 (Tim Bieber); Laif, Köln: 12 (Luigi Caputo), 31, 48 (Aarmut Krinitz), 57 (Gernot Huber), 60 (Hartmut Krinitz), 70 (Heuer), 82 (N.N.); Look, München: U2/U3 (C. Heeb); Mauritius, Mittenwald: 91 (K. Köhler); Photonica, Hamburg: Titel/Hgr. (S. Egouchi), 77 (Kazutomo Kawai); Superbild, München: Titel/Hand (Zscharnach); Südwest Verlag, München: Titel/Pendel, 21 (S. Sperl), 17 (K. Newedel), 18, 20 (M. Nagy), 54, 56 (SWV-Archiv), 64, 65 (J. Heller), 74 (M. Tunger); Transglobe, Hamburg: 6 (Foc Photo), 39 (Frank Chmura), 90 (Stadler); Visum, Hamburg: 45 (Sven Picker), 85 (Michael Wolf); Wildlife, Hamburg: 79 (D. Harms); Zefa, Düsseldorf: 5 (Allofs), 24 (Wartenburg), 32 (Mueller), 33 (Photex), 47 (Hackenberg), 58 (Mesterfile), 66 (Rose), 69 (F. Taeger), 93 Benelux)

Illustrationen Seite 54, 56 von Detlef Seidensticker, München

Hinweis

Das vorliegende Buch ist sorgfältig erarbeitet worden. Dennoch erfolgen alle Angaben ohne Gewähr. Weder Autorin noch Verlag können für eventuelle Fehler oder Schäden, die aus den im Buch gegebenen praktischen Hinweisen resultieren, eine Haftung übernehmen.

Impressum

Der W. Ludwig Verlag ist ein Unternehmen der Econ Ullstein List Verlag GmbH & Co. KG, München

Redaktion:
Claus Evers

Projektleitung:
Karin Stuhldreier

Redaktionsleitung:
Dr. Reinhard Pietsch

Bildredaktion:
Gabriele Feld

Layout:
Reinhard Soll

DTP/Satz/Umschlag:
Veronika Moga

Produktion:
Manfred Metzger, Annette Aatz, Monika Köhler

Druck:
Weber Offset, München

Bindung:
Oldenburg, München

Printed in Germany

Gedruckt auf chlor- und säurearmem Papier

ISBN 3-7787-5044-5

Register